旅游

国际话语权
高质量构建探索

杨劲松 著

LÜYOU GUOJI HUAYUQUAN
GAOZHILIANG GOUJIAN TANSUO

中国财经出版传媒集团
经济科学出版社
Economic Science Press

图书在版编目（CIP）数据

旅游国际话语权高质量构建探索／杨劲松著．—北京：经济科学出版社，2022.8
ISBN 978 – 7 – 5218 – 3941 – 8

Ⅰ.①旅…　Ⅱ.①杨…　Ⅲ.①旅游业－宣传工作－研究－中国　Ⅳ.①F592

中国版本图书馆 CIP 数据核字（2022）第 151275 号

责任编辑：张　蕾
责任校对：王京宁
责任印制：邱　天

旅游国际话语权高质量构建探索

杨劲松　著

经济科学出版社出版、发行　新华书店经销

社址：北京市海淀区阜成路甲 28 号　邮编：100142

编辑工作室电话：010 – 88191375　发行部电话：010 – 88191522

网址：www. esp. com. cn

电子邮箱：esp@ esp. com. cn

天猫网店：经济科学出版社旗舰店

网址：http://jjkxcbs. tmall. com

北京季蜂印刷有限公司印装

710 × 1000　16 开　9.75 印张　200000 字

2022 年 11 月第 1 版　2022 年 11 月第 1 次印刷

ISBN 978 – 7 – 5218 – 3941 – 8　定价：79.00 元

（图书出现印装问题，本社负责调换。电话：010 – 88191510）

（版权所有　侵权必究　打击盗版　举报热线：010 – 88191661

QQ：2242791300　营销中心电话：010 – 88191537

电子邮箱：dbts@ esp. com. cn）

前　言

　　中国旅游国际话语权构建，虽然可以参考其他国家过去的经验，从其中得到启发，但是，由于中国与其他任何国家都无法简单类比，旅游业和旅游市场的成长具有自己的鲜明特性，因此中国的旅游国际话语权构建也注定将是一个独一无二的探索过程，进入"无人之境"是必然的。这增加了探索的难度，同时也是产业实践者和研究者的使命和责任，机遇正蕴含在其中。新时代呼唤构建高质量旅游国际话语权构建。需要试着回答高质量旅游国际话语权是什么、做了什么、如何做等基本问题。本书系统梳理了对我国旅游国际话语权的认识，界定了旅游国际话语权高质量构建的含义。分析了构建过程中的机制制约和突出问题。提出以人类命运共同体理念为指引夺取文化和旅游国际话语权的道德高地、以文化和旅游融合为抓手推动国际话语权高质量构建、以文化和旅游高质量发展夯实国际话语权根基、构建识别度高、吸引力强、感召力大的品牌体系、培育文化和旅游领域具有国际视野的高水平智库、持续推进国际传播能力建设和推进评估体系建设等建议。试图回答在新时代如何从深度、广度和创新性等方面更好地推动高质量的中国旅游国际话语权构建。有简要的理论梳理，更有鲜活的实践认知和经验的介绍总结，案例丰富，针对性强。本书是构建有中国特色的旅游国际化理论新的尝试，对于旅游官产学各界均具有借鉴意义。

目 录
Contents

| 第一章 |
国际话语权概述

第一节　对话语的认识

"话语"的英文是"discourse"，然而，其产生之初的表现形式是"现代语言学之父"索绪尔所提出的"言语"（parole）概念。索绪尔认为，"语言"是言语活动的一个确定的，首要的环节，"它既是言语机能的社会产物，又是社会集团为了使个人有可能行使这一机能所采用的一整套必不可少的规约"；而"言语"则是为达到传播目标而对语言的实际使用，"至少发生在两个人之间的行为"。

按照学者吴贤军的分析，"话语"在语言中有着自己的独特内涵：第一，话语是指语境中语言的运用。在他看来，"话语决不仅仅是一种思想和静止的结构，话语关系体系更是在经济、社会机制、过程、行为方式、规范体系、技巧、分类类型和特征化方式等之间确立起来的。话语实践就是一个匿名的、历史的、有确定时空定位的规则体系。话语是对对象或存在物的一种限定和表述。这种对话语使用情景的关注，体现了相比语言，'话语'背后的文化和社会意义"。① 第二，话语体现为互动的过程。话语拥有互动性的话语功能，在他看来，"不仅指实际或陈述性的信息传输，而且能够用来表达对社会关系、个人态度的建立与维持"。② 第三，话语有层级。话语既可以是比句子、短语、词汇都大的语言单位，也可以是较小的语言单位。只要能够表现意图和施加影响，表达了连贯的意义，一字一词皆可为话语。

对"话语"的理解在现实中往往超越了语言学的范畴，而是在政治学、社会学等方面表现出来。学者吴贤军认为，"话语研究包含了我们理解社会、

---

①② 吴贤军. 中国国际话语权构建：理论、现状和路径［M］. 上海：复旦大学出版社，2017：12.

理解事件以及形成与理解话语的一整套规则，包含了一个社会现实、社会身份、社会关系的建构过程"。①

第二节　对话语权的认识

话语权以"权力"和"权利"的形式表现出来。福柯认为，话语本来就复杂多变，且又收到外来因素的影响和渗透，并不具有"线性连续性"。当话语延伸至话语权时，体现出竞争的关系，强势的话语脱颖而出，其余的话语影响有限，甚至逐渐消亡。由此形成的竞争格局反过来又重塑了话语。在这个永不停滞的反复过程中，话语权通过制度、教育、媒体等影响大众，大众的选择和强化又进一步确立了话语权。

第三节　对国际话语权的认识

对国际话语权的认识有多种角度，主要有传播的视角、国家利益争斗的视角和身份建构的视角。在传播的视角中，国际话语权与媒体紧密关联。可以看作通过有效地国际传播活动，通过触达和触动主流媒体和主流人群，影响和引导国际舆论的能力。在国家利益争斗的视角中，国际话语权既是影响国家利益的必要条件，又是体现这种国家竞争过程的结果。在梁凯音等（2020）看来，"国际话语权"是指以国家利益为核心，就社会发展和国家事务等发表意见的权利，而这些事务是与国际环境密切相连的，并体现了知情、表达和参与权利的综合。控制、定义、规则制定、议程设置和价值判断都可以在其中展现出来。在身份建构的视角中，国际话语权其实可以看作某一个国家与其他国家相区别的重要指征。如同每个人的口音不同、表达习惯各异、为其他人所关注重视的程度也有差别，国际话语权也同样如此。在这个过程中，是主动与国际接轨，还是坚持自身的腔调，或者实现两者的融合，都体现着对自身的理解、对其他国家的理解和对国际关系的理解，并在这个理解和互动过程中建构着理想的国际关系。

---

① 吴贤军. 中国国际话语权构建：理论、现状和路径［M］. 上海：复旦大学出版社，2017：13.

当然，旅游领域的国际话语权实际上也可以从以上角度进行分析。考虑到旅游业的属性，为保障国家利益，在认识过程中将意识形态和传播融合应该更为重要。

国际话语权就是指国际话语主体以国家利益为核心、对国际事务"发声"的权利以及由"声音话语"所生成的权力。从话语指向和内容上看，国际话语权涵盖知情权、表达权、参与权、决定权和与之相关的影响力，在包括对国际事务、国际事件的定义和对国际标准、国际规则的制定，以及对国际事件、国际活动的评议等方面表达出来。

从我国学者对国际话语权的研究成果数据分析可知，我国对国际话语权的研究从 2007 年开始骤增，2017 年为研究高峰期，文献量占比为 12.06%。学术论文数量共计为 12106 篇，其中摘取相关性论文 170 篇，权威媒体如《人民日报》等权威媒体报道数量为 25 篇。

| 第二章 |
人类命运共同体思想是旅游国际话语权建设的基本指引

第一节　人类命运共同体的内涵与外延

习近平主席在日内瓦《共同构建人类命运共同体》的主旨演讲中指出："面对复杂多变的国际环境，让和平的薪火代代相传，让发展的动力源源不断，让文明的光芒熠熠生辉，是各国人民的期待，也是我们这一代政治家应有的担当。中国方案是：构建人类命运共同体，实现共赢共享。国际社会要从伙伴关系、安全格局、经济发展、文明交流、生态建设等方面作出努力"，新时代要求旅游国际话语权建设必须将构建人类命运共同体作为基本指向，了解人类命运共同体有利于更好地建设旅游领域的国际话语权。

2012 年，党的十八大报告首次提出此概念；2013 年，习近平主席在莫斯科国际关系学院发表演讲，标志其进入国际视野；2015 年，在第七十届联合国大会上，人类命运共同体的内涵得以完善，即"五位一体"的总体布局。与此同时，国内学者主要从西方政治哲学、中国传统文化、马克思主义认识论、全球治理等角度来定义这一概念。从词源解析角度看，虽然中国官方正式将人类命运共同体译为"Community of a Shared Future for Mankind"，但在实际国际传播中，包括新华网、外交部官方网站在内的诸多通讯社和官方机构中"mankind"和"humanity"两词可以通用。而从"Community of Common Destiny""Common Community of Human Destiny"等译法中可见在国际政治传播中同样存在概念模糊的问题。

必须认识到，人类命运共同体是马克思恩格斯哲学中的共同体思想的最新发展，是马克思主义中国化的最新理论成果。在党的十八大报告中，提出人类命运共同体是在追求本国利益时兼顾他国合理关切，在谋求本国发展中促进各国共同发展，人类命运共同体应具有"分享、合作、共赢、包容"的精神内核。丛占修（2016）认为人类命运共同体的观念包括价值共识、制度实践和文化认同三个相互联系的层面。人类命运共同体在价值共识上提倡真正的全人类价值，而不是所谓的普遍化的西方价值；在制度设计上尊重当前以联合国宪章为基础的秩序和规则，强调主权平等；在文化上，主张尊重多样性，各文化间和而不同，包容互鉴，反对文明优越论和普世论。

滕尼斯（2010）在《共同体与社会》一书中，将人类社会生活划分为共同体和社会两种形式。他将共同体定义为"建立在自然情感一致基础上、紧密联系、排他的社会联系或共同生活方式，这种社会联系或共同生活方式产生关系亲密、守望相助、富有人情味的生活共同体"。鲍曼（2007）指出，"共同体是一个温暖而舒适的场所，一个温馨的'家'，在这个家中，我们彼此信任、互相依赖"。麦克尼尔（2015）在其描述"西方的兴起"之历史进程中曾宏观展示了"人类共同体史"，强调不同社会、不同文化之间是相互关联的。

谢文娟（2016）认为人类命运共同体首先是利益共同体，其次是责任共同体，再次是价值共同体，最后是命运共同体。其思想内涵包括：政治上建立伙伴关系，经济上推动共赢发展，安全上倡导普遍安全观，文化上主张多元文明，生态上构筑清洁美丽世界。杨佳伟（2018）、苏苗苗（2018）等认为习近平人类命运共同体思想的基本特征为平等性、互利性、包容性、共商共建共享和可持续性。吴志成等（2018）认为人类命运共同体具有自身鲜明的特征，突出表现为鲜明的中国特色、广泛的全球共识、深厚的价值基础、重大的价值超越以及深刻的哲学意涵。

在人类命运共同体的政策实施及实践路径方面，王寅（2017）认为实施路径涵盖地理区域和涉及范围两个层面。地理区域有全球、地区和双边，涉及范围包括政治、安全、发展、文明、生态等多个领域，并由此形成了"五位一体"打造人类命运共同体的总布局和总路径。明浩（2015）对积极开展主场外交推动人类命运共同体的活动进行了梳理。袁靖华（2017）等强调要强化"人类命运共同体"议题的国际传播，创新传播手段。崔希亮（2018）认为近年来正在形成的中外人文交流机制正在成为中外文明交流的重要平台，也是推进人类命运共同体建设的重要方式。

党的十八大报告中的界定是，在追求本国利益时兼顾他国合理关切，在谋求本国发展中促进各国共同发展。这里的"人类命运共同体"主要表达的是一种"立足国内，放眼世界的战略含义"。它表明，在国际体系中各个国家的基本行为逻辑，既是国家利益的延伸，也是国际利益的延伸，分享、合作、共赢、包容是"人类命运共同体"理念的内核。这一广义界定也反映出"人类命运共同体"理念实际具有工具理性和价值理性两个层次的内涵（李爱敏，2016）。

国内学术界对人类命运共同体的内涵做了多层次多角度的阐释，涉及传统文化、国际主义、生态有机体、法治文明、共生论以及人类共同价值等角度（张继龙，2016）。也有大量学者从"类哲学"角度对人类命运共同体进行阐释。张曙光（2015）研究"类哲学"与"人类命运共同体"，认为我们更应当立足于人类命运共同体，深入研究个人、共同体、人类和自然生态之间的相互关系，揭示出个人之道、共同体之道、人类共同发展之道和大自然之道及其相互关系，最大限度地推动"万物并育而不相害，道并行而不相悖"那样一种和谐的"天下达道"局面的出现。马克思通过赋予"类"概念以全新的内涵，表达对"人类命运共同体"深切的价值关怀，为理解"人类命运共同体"奠定了重要的思想基础，并为"人类命运共同体"的生成提示了现实的道路（贺来，2016）。

刘传春（2015）对人类命运共同体内涵的质疑进行研究，他认为随着人类命运共同体由愿景走向实实在在的行动，中国逐渐明确人类命运共同体旨在实现人类共同安全、共同发展、共担责任的内涵。但是，实现人类共同安全、共同发展、共担责任的命运共同体内涵面临着质疑，在国内学术界也存在争鸣。有必要从世界因相互依存而形成的发展、合作、共赢的属性来科学认识人类命运共同体的内涵，推动人类命运共同体的理论研究。

从历史渊源看，人类命运共同体理念吸收借鉴了马克思共同体思想、中华优秀传统文化以及中国共产党百年外交政策的思想精髓；从现实关照看，它是推动世界各国政治、安全、经济、文化、生态朝着更好方向发展的中国智慧与中国方案；从价值意义看，人类命运共同体理念的提出不仅是当代中国外交方略的新成果，更是人类社会发展的新方向（王虎学、何潇潇，2022）。

人类命运共同体的价值实现和外延，为世界走向和平、走向共同发展、实现全球治理提供了现实可能的"中国方案"（童吉鹏，2020）。国际格局的深刻变革呼唤全球治理的新方案，"构建人类命运共同体"的中国方案应运而生。"构建人类命运共同体"是在经济全球化浪潮中崛起的中国提出的一个新命题，是历史必然性、实践自觉性、理论创造性有机统一的时代产物（郝立新、周康林，2017）。构建"人类命运共同体"是中国特色大国外交的生动呈现，是中国在问鼎世界强国之际的政策表达，旨在回答"中国到底想要一个什么样的世界"之问。这一思想立意高远，为21世纪国际关系的发展提供了新思路，具有时代的先进性（阮宗泽，2016）。习近平的人类命运共同体思想是马克思主义社会共同体思想的继承和发展，拓展了中国特色社会主义的理论，它以中国的智慧建构了国际社会关系发展过程中新的交往范式（邵发军，2017）。人类命运共同体思想是科学社会主义的最新成果，传播了中国传统"和"文化，增强了中国文化软实力，想推动着当代世界政治、经济新秩序及新型国际关系的构建（饶世权、林伯海，2016）。"人类命运共同体"的价值意蕴具有历史、现实和未来三重维度。从历史维度看，"人类命运共同体"是在摒弃传统"帝国"体制和极端"国族"认同基础上形成的一种新型文明观；从现实维度看，"人类命运共同体"是在扬弃西方"正义论"和继承中华优秀传统文化基础上形成的一种"正确义利观"；从未来维度看，"人类命运共同体"是在超越"均势"和"霸权"两种国际秩序观基础上形成的一种新型国际秩序观。全球化视野下"人类命运共同体"三重维度的价值定位，昭示着中国作为一个以"人类命运共同体"为价值诉求的新型"文明型"国家的崛起（徐艳玲、李聪，2016）。

张劲松（2021）研究风险社会视域下的人类命运共同体理念，他认为，世界风险社会推动着人类团结意识的产生，凸显世间万物之间的"类存在"，促成各民族国家之间的世界主义行动。为了应对全球性风险，世界各国制定了通行的国际准则，建立了统一管理和协作行动的国际机构，这是人类命运共同体行动的前期探索和实践基础。人类命运共同体理念弘扬中华优秀传统文化思想元素，蕴含着新时代的新发展理念，它为推进全球治理体系新变革提供了理论指南和行动纲领。

第二节　人类命运共同体的相关研究

有关人类命运共同体最开始是关于其"价值观基础"（曲星，2013）、"人类命运共同体意识"（于洪君，2013）、"马克思主义与人类命运共同体"（卢德友，2014）等基础性研究，后来随着研究的深入，研究范围和主题更加广泛，"一带一路""世界梦""中国梦"等主题开始出现，对于人类命运共同体的内涵、理论本质、意义、时代价值的研究也更加深入。明浩（2015）对"一带一路"与"人类命运共同体"的关系进行研究，提出"一带一路"所包含的理念和所提供的战略路径，使"人类命运共同体"具有了现实的可能性。李丹（2019）认为"一带一路"顺应区域合作需求和国际发展规律，引领全球化新趋势，集中体现了中国构建人类命运共同体的具体实践。当前，国内学术界的研究相对更加立体和多元，且对于人类命运共同体背后的理念、文化根源、历史情节与当代现实有更多的关注。从内容上看，近两年中国学者对于人类命运共同体的一些有特色的研究主要集中在三个方面：一是传统文化视阈下人类命运共同体的独特思想内涵。二是全球化视域中人类命运共同体的原则与框架。三是人类命运共同体的实现路径与相关机制（车轴，2018）。赵庆寺（2019）研究构建人类命运共同体的制度化路径，人类命运共同体的制度化建设需要秉持新型国际关系的理念，提升国际制度的领导权，推进国际法律制度的理念创新，制定全球治理新领域的国际规则，构建"一带一路"的国际规则，加快国际制度领域供给与改革。高地（2018）认为构建人类命运共同体，要从国家、区域与世界三个维度着眼，推动具体实践工作的开展。

国外有学者认为人类命运共同体思想溯源于西方共同体思想。换言之，人类命运共同体思想的创新并非中国独有（罗圣荣、兰丽，2020）。从整体上看，由于强大的现实主义传统与近年来的现实主义政治的复兴，西方学者对人类命运共同体思想的研究和思考呈现出一分为二的状态。在知识论层面，西方学者能较为充分理解人类命运共同体思想，并且从具体战略、路径、客观环境、思想来源等多个角度展开了较为立体丰富的研究，但从目的论角度一些西方学者与研究机构仍然无法抛弃零和博弈思维和冷战思维，对人类命运共同体的动机和目的怀有偏见和戒心，更倾向于从地缘政治的角度来对其进行解读（车轴，2018）。一些西方学者认为中国提出的人类命运共同体是为了避免和美国及现有的国际体系发生冲突（Blackwill & Tellis，2015）。阿尔托等（Aaltola et al.，2016）认为中国此举是建立新型外交来规避风险。"努力构建人类命运共同体"成为中国外交政策的指导口号（Nathan，Zhang，2022）。

也有学者从历史角度进行研究，认为"人类命运共同体"是对促进中亚两大洲经贸、人文互动的"丝绸之路"的历史经验，而人类命运共同体的提出正是该历史经验的当代延伸（Gu，Ho & Eom，2017）。王鹏等（2021）认为，从本质上讲，人类命运共同体是一个价值观共同体，已进入战略实施阶段。澜沧江湄公河流域各国共享同一河水，是"构建人类命运共同体"的优先区域。促进澜沧江民族传统体育游戏和文化节庆打造澜沧江湄公河赛事品牌，增强澜沧江湄公河意识，形成澜沧江湄公河体育文化等措施，助力建设"澜沧江湄公河命运共同体"。

徐凤娜等（2018）探讨了构建人类命运共同体的新内容，重点阐述了构建人类命运共同体的目标和实现这一目标的具体措施。

第三节 人类命运共同体与旅游

建设人类命运共同体，旅游是重要方面。习近平主席在多个重要场合都提到了旅游的重要性。反复强调要加强与其他国家的旅游合作。习近平主席在俄罗斯中国旅游年开幕式上的致辞中提到，旅游是传播文明、交流文化、增进友谊的桥梁，是人民生活水平提高的一个重要指标，出国旅游更为广大民众所向往。旅游是综合性产业，是拉动经济发展的重要动力。旅游是修身养性之道，中华民族自古就把旅游和读书结合在一起，崇尚"读万卷书，行万里路"。旅游是增强人们亲近感的最好方式。

人类命运共同体理念突出地展现了"海纳百川""有容乃大""求同存异"的包容精神，为处理民族、国家、种族间的文化差异和冲突，在更高的文明层面上实现和谐与融合指明了方向。要推动构建人类命运共同体，就要促进国际社会达成共识，增强各国的战略互信。旅游业发展既离不开和平与发展的国际环境，也是促进世界和平与发展的重要力量。

党的十八大提出的人类命运共同体思想倡导尊重世界文明与文化的多样性，注重不同文明和文化之间的交流互鉴。跨境旅游因其市场化的运作和庞大的人员流动规模而成为人文交流的重要方式，它不仅可以为目的地国创造经济收益，而且通过物质承载与精神体验对于国际文化交流也意义重大（黄正多，2020）。

人类命运共同体理念在解决南极和北极的旅游发展问题中发挥重要作用。熊娜（2019）提出南极旅游领域的人类命运共同体构建方案：识别南极旅游视域下人类命运共同体建设的机遇与挑战。围绕南极旅游经济价值，相关各方展开了复杂的利益博弈，对以南极条约体系为基础的南极旅游可持续发展治理体系带来了越来越多的潜在机遇和挑战。我国致力于南极旅游可持续发展，是从"人类命运共同体"视野对过往南极旅游实践累积问题和未竟问题的积极因应。王文、姚乐（2018）认为，中国倡导的以"构建人类命运共同体"理念为核心的新型全球治理观，为南极治理超越传统权力斗争和地缘政治博弈、建设性地化解矛盾争端提供了广阔空间。

原国家旅游局和体育总局在联合颁发的《"一带一路"体育旅游发展行动方案（2017—2020年）》（以下简称《方案（2017—2020年）》）中进一步指出："以'一带一路'为突破口，加快国内沿线地区体育旅游融合发展，推动沿线国家体育旅游深度合作，为促进国内区域协调发展和构建人类命运共同体作出积极贡献。"《方案（2017—2020年）》的颁布传递了以合作共赢为核心，共建人类命运共同体的新型国际关系新思想，表明了中国维护世界和平与稳定的负责任大国的道义与担当，体现了中国梦同世界梦相贯通的思想，折射了中国构建人类命运共同体的政治使命（张现成等，2019）。

随着"一带一路"倡议的纵深推进，以旅游业为引擎的现代体验经济快速发展，推动了中国与东盟各国旅游活动的大规模流动，并成为中国—东盟自由贸易区建设的重要内容和先导产业。旅游业的多元性与开放性特点，无疑成为中国—东盟实现文化认同和融合的最佳路径，推动南海周边国家之间摒弃分歧、凝聚共识、携手合作、共赢发展和人文共同体与命运共同体的建立（李长津，2017）。房鹏飞等（2021）在人类命运共同体视域下分析了中国—东盟民俗体育文化的交流。研究表明：中国—东盟民俗体育文化具有同源性和相似性的文化基础，应该以赛事带动交流，通过与旅游融合发展促进交流，加强学术研究合作助力交流，用好大众传媒功能推动交流等。

王胜（2018）在"把海南打造成向全球展示和践行人类命运共同体思想窗口的思考"中提到，通过开展各类公共外交活动生动展示和宣介中国特色社会主义实践范例。通过策划设计中外领导人会外考察、论坛公共外交活动和爱心公益慈善活动等，向国际社会直观展示中国改革开放和建设发展成就，传播中国特色社会主义发展理念，提供中国模式、中国智慧和中国方案，助推有关国家和地区经济社会实现绿色可持续发展。

第四节　旅游外交与国际话语权

旅游外交和旅游国际话语权关系密切。旅游外交是形成和提升旅游国际话语权的重要方面，旅游外交表现本身就在一定程度上代表着旅游国际话语权。因此，有必要对旅游外交有更深刻的认识。

一、对旅游外交的认识

当提起外交时，人们常常想到特使、条约、谈判、纵横捭阖、国家利益等多方面的内容。往往多种因素交织到一起，形成了外交的复杂性信息的交流、立场的宣示和国家间的谈判其实都和外交相关。伴随着 17～18 世纪的欧洲资产阶级革命，现代国家开始兴起。与工业化分工类似，外交逐渐专业化，演变成专有稳定的模式，包括"特定风格、方法以及一整套程序、规则、协议和约定"（亚当·沃森，1990）。

传统意义上，外交的核心是谈判。因此对辩论、逻辑、获取和利用论据以及与之相关的语言技巧要求甚高。外交家的基本素质是能够设置议题，舌灿莲花，辩才无碍。与外交对立的一个重要概念是战争。采取外交手段，实际上就意味着选择了和平，放弃了战争。换言之，和平是外交的最基本属性之一。"外交指任何以主权国家为主体，通过和平方式，对国家间关系和国际事务的处理"（鲁毅等，1997）。除了外交的和平性质，还强调了外交的官方性质。外交是主权国家的事务，调节的是国家之间的关系或者以国家为主体而发生的国际事务。事实上，这也是到现在为止依然影响深远，得到普遍认可的认识。外交主要是官方的事，由中央政府主导，与民间关系不大。

随着外交实践的发展和深化，越来越多的人意识到外交不应该仅仅具有官方性质，官方外交不应该是唯一选择。非官方应该是外交的重要性质之一，非官方外交应该是外交的重要选择。除了国家专职的外交人员，有利于推动实现对外政策的领域和部门，都应该而且必须参与进来。从这个意义看，外交的概念开始扩大了。包括旅游外交在内的各种外交形式越来越多地涌现出来：旅游外交、经济外交、文化外交、生态外交、科技外交、体育外交、军事外交、政党外交、议会外交乃至地方官方机构（如地方政府及所属部门、人大、政协等）参与的外交活动。不仅如此，除了官方外交外，半官方外交，乃至民间力量也越来越活跃起来。主要由民间力量参与的"民间外交"的重要性开始为政府和公众所认同，成为外交不可或缺的组成部分。官方外交 + 半官方外交 + 民间外交演化成外交常见的表现形式。

旅游本身的性质决定了其在促进和平方面具有特殊的优势，更加易于为外交所使用。旅游和旅游业手段柔性多样、规模庞大、涉及产业众多，这些都成为旅游外交能够顺利促成外交政策目标实现的助力。不仅如此，旅游外交既有官方外交的成分，同时在半官方外交和民间外交方面的优势也不可低估。2013 年 11 月，习近平主席在俄罗斯中国旅游年开幕式上的致辞中指出，旅游是传播文明、交流文化、增进友谊的桥梁。旅游是增强人们亲近感的最好方式。[①] 从这个意义观之，旅游外交除了官方外交的性质外，融半官方和民间于一体的性质使其比其他类型的外交有了更多的着力点。

近年来，不同学者对旅游外交的内涵有不同的理解，还未形成统一的认识，主要有综合论、游客基础论和统合论等方面（见表 2 - 1）。

---

① 中国政府网. 习近平在俄罗斯中国旅游年开幕式上的致辞 ［EB/OL］. ［2013 - 03 - 22］. http://www. gov. cn/ldhd/2013 - 03/23/content_2360500. htm.

表 2 - 1   旅游外交的不同认识梳理

主要论点	文献	对旅游外交的认识
综合论	梅毅（2006）	广义的旅游外交应当包括旅游对外活动的全部内涵，包括旅游对外交往、旅游对外交流、旅游对外合作、旅游对外决策和旅游对外战略等含意和内容。狭义的旅游外交主要指政府或政府性的旅游对外活动，既可为国家和政府的旅游对外战略或策略，亦可是政府和业界有深层外交用意的旅游对外活动
	邹统钎（2016）	"旅游外交"既包括中外国家间旅游官方机构的交往，又包括中外游客、旅游企业、行业组织与智力机构之间的交往；既包括中外文化交流，又包括中外旅游经营、服务和投资等的经济交流
游客基础论	郑岩（2015）	旅游外交是基于国与国之间游客互动而产生的一种外交行为，这种行为旨在通过促进国家间游客的往来、保护本国游客在他国的合法权益以及推动国际旅游产业的发展，进而增强国家间人民的相互了解和交流，最终为实现世界的和平发展作出贡献
统合论	王兴斌（2015）	树立"旅游外交"的观念，要求发展国际旅游要更加自觉地服务、融入和促进国家的对外战略，更加有力地推进国际旅游面向全球拓展，形成与有中国特色的大国外交相称的旅游大国格局

　　旅游外交虽然着力于旅游，但是由于旅游涉及面广而综合，所以旅游外交与经济外交、科技外交、文化外交等诸多方面均有交集。为了更好地理解旅游外交的概念，现将各类外交概念梳理及对比如表 2 - 2 所示。

表 2 - 2   各类"外交"对比

分类	目的	主体	客体	形式	备注
旅游外交	服务国家外交战略，着重增强国家间人民的互相了解和交流	政府，涉及的本国、他国或第三国民众、国际组织、他国政府	政府，涉及的本国、他国或第三国民众、国际组织、他国政府	从旅游者、旅游管理者、旅游产业经营者、旅游业相关利益方等多个角度切入，民间和非官方形式作用突出，能够与多种外交形式有机融合，双向交流显著。官方外交：（1）国家主体旅游年（2）互办旅游年（3）元首推广（4）官员访问（5）跨境旅游合作（6）旅游会议；民间外交：（1）投资合作（2）"友好活动"（3）文化旅游团交流	

分类	目的	主体	客体	形式	备注
民间外交	服务国家外交战略，具有明确的政治或外交目的	主体是民间的个人或团体，至少有一方是一个国家非官方的政党、组织、团体、个人		民间对民间、民间对官方或官方对民间等，双向交流	区别于官方外交，旅游外交深度参与
文化外交	承担本国外交战略；传播文化	政府、国际组织、他国政府、他国公众	国际组织、他国政府、他国公众	双向交流	旅游外交深度参与
经济外交	服务国家外交战略，通过政府推动国际经济合作，通过与经济相关的外交活动来实现国家安全、政治稳定等非经济目的	政府及其所属的职能部门、企业	他国政府、国际组织或者跨国公司	对外援助外交、经济合作外交、经济制裁外交	旅游外交深度参与
公共外交	旨在通过公众舆论，为本国的外交争取支持，并影响外国政府的外交政策	政府	他国公众	单向外交	旅游外交深度参与
网络外交	侧重于澄清信息、供给知识和塑造认同	政治首脑、职业外交官、社会团体、跨国公司、非政府组织甚至个人	国际组织、他国政府、他国公众	双向，通过虚拟化的信息网络传播，公开	区分于非网络外交，旅游外交深度参与

资料来源：笔者整理。

　　民间外交是指具有明确外交目的的民间对外交往和交流活动，它不同于一般的人员往来和文化交流，而是特指那些属于民间层次的外交活动，它与政府所进行的官方外交相对应（王玉贵，2008）。可以看作由非官方机构或非官方人士所从事的外交活动（范炳良，2005）。或者是不具有国家外交正式资格的法人组织或自然人根据多方面的国家利益需要配合政府外交而进行的对外交往活动（刘建平，2015），其依托于国家主权，并且是配合国家外交政策的准外交行为（张文木，2008）。

谬开金（2006）认为文化外交是指一国政府致力于通过本国文化的传播，以建立、发展和维持与外国关系的外交领域，在这个过程中，一个国家的机制、价值体系和独特的文化魅力在双边和多边关系中得到发扬。可以看作政府或者非政府组织通过教育文化项目交流、人员往来、艺术表演与展示以及文化产品贸易等手段为促进国家与国家之间、人民与人民之间相互理解与信任，构建和提升本国国际形象与软实力的一种有效外交形式，是外交领域中继政治、经济之后的第三支柱（胡文涛，2007）。

经济外交，是外交在经济领域中的拓展，是国家和国家联合体为执行特定的外交政策，以和平方式处理国家之间在经济领域出现的摩擦与纷争的活动（赵可金，2011）。其包含两个方面的内容：一方面是为追求本国经济利益而执行的对外交往行为；另一方面是借助经济手段，为实现并维护自身战略目标而执行的对外交往行为（周永生，2004）。有人认为，经济外交是一国中央政府及其所属具体职能部门围绕经济事务，针对他国政府、国际组织或者跨国公司，而对外开展的官方交往活动。其本质是政府通过外交行为对国际经济关系所实施的一种干预行为，既可能是正向促进的，也可能是负向阻碍的（李巍，2014）。

公共外交常被作为"国际交流"（高飞，2005）看待，可以理解为在以社会媒体为代表的新媒体技术日趋活跃的信息传播环境中，由政府主导，由民间非政府组织和私人机构参与，旨在他国公众中培植对本国良好认知，以文化交流活动为主要载体的针对他国公众尤其是精英阶层的外交活动。其中，公共外交实施目标与外交政策相一致，国内政策与外交政策相一致将有助于提升公共外交的实施效果（郑华，2011）。

网络外交是信息网络技术与外交系统耦合的产物，是指一个国家的中央政府为了适应信息传播技术革命的需要、实现国家利益和执行外交战略与政策，在遵守本国及其他国家互联网安全法律和管理制度基础上，通过运用信息传播技术手段所开展的一系列信息发布、政治动员和社会交流活动的总和，它是信息化时代国家外交形态的新发展（赵可金，2011）。

马修斯（Matthews，1979）和考尔（Kaul，1985）都意识到旅游作为建立与改善和其他国家外交关系途径的重要性。马修斯（1979）论述了旅游与外交的三个层次：非政府层次中不同国家居民个人相互接触并体验不同于己的文化推动了私人国际关系的发展；政府间对旅游业涉及的航空运输、移民、海关手续和双重征税条约协定等事项的处理推动了公共层次国际关系的发展；航空公司、银行、酒店、景区和旅游经营商等相关方的共同作用又推动了企业与政府层次国际关系的发展。"参与失衡"和"参与失效"应引起重视，"飞地"现象突出，又使得旅游业成为国家外交发展的负面因素。

综上，可以将旅游外交定义为：以旅游元素为主体内容，通过柔性手段展开的以达到和平为目的的国际旅游交往活动。非正式、民间色彩浓厚的非政府性民间外交是其重要组成部分。由于旅游能够激发游客和产业乃至市场主体等多个方面的兴趣，因此具有主动性的特征，其本身非正式、民间性和巨大的规模又凸显了其公开性和非职业性。旅游的综合性和与参与者多元提升了其灵活性。

二、旅游外交的历史演进和当前面临问题

（一）历史演进

我国旅游外交经历了从单纯到综合的发展道路。表现为：较单纯的外交工具——产业和经济功能凸显——旅游外交功能的逐渐表现，经历了国家外交及国家外交和民间外交并重的过程。

改革开放前，旅游作为较单纯的外交工具存在，手段单一，影响力偏弱。改革开放后，旅游业经历了历史性的变革。可以看到，国际旅游合作的发展历程同时也是中国旅游业对外开放不断加深的过程。早在30年前，中国旅游业就以积极的姿态投身国际旅游合作。以入境旅游起步的中国旅游业从入境旅游起步，是国际合作的优先领域。1979年改革开放后第一批的中外合资项目中有一半是旅游企业。20世纪80年代之后，中国旅游业扩展了全方位向与欧美旅游发达国家交流的领域学习，在发展理念交流、资金筹措、教育合作、人员培训等方面逐渐与接轨国际体系接轨，确保了在比较高的起点上运行。改革开放历史进程中的中国旅游接待体系成长不仅满足了入境旅游市场的需求，还催生了90年代规模庞大的国内旅游市场。进入21世纪，中国出境旅游市场迅速增长，形成月游客规模超千万，年游客规模超亿人次的世界

第一大出境客源地。国际旅游合作经历了从单向输入双向互动的历史性变革，也为旅游外交创造了更为广阔的空间。

通过倡议策划中美省州旅游部长会议、中日韩三国旅游部长会议、中俄人文合作委员会旅游分委会、中日韩与东盟（10＋3）旅游部长会议、博鳌国际旅游论坛等高级别会议，旅游业在中国与湄公河流域、东北亚地区旅游合作和东盟自由贸易区等国际合作中发挥了主导作用，旅游业开始成为国际合作中的聚光焦点。通过加强与世界旅游组织（UNWTO）、世界旅游与旅行理事会（WTTC）、亚太旅游协会（PATA）等国际旅游组织的交往，与加拿大、墨西哥、越南等多个国家或地区签署旅游谅解备忘录或合作协议，有效消减了签证、语言环境等障碍，传递了中国声音。在从1987年9月中国成为世界旅游组织的第7次全体大会上，中国成功进入执委会。在2007年11月的第17次全体大会上，汉语正式成为世界旅游组织的官方语言，中国日益成为在世界旅游格局中的话语权不断提升业举足轻重的力量。通过二十国集团旅游部长会议（T20）部长会议、博鳌国际旅游论坛等平台，中国与世界分享了在非典（SARS）、北京奥运会、汶川大地震、国际金融危机等历史时期的应对经验和旅游业进入国家战略体系的历史成就，扩大了中国旅游业发展理念的影响。通过中国旅游企业"走出去"、开展国际旅游规划咨询、评估中欧、中澳旅游目的地合作协议执行情况、强化国际旅游学术交流等方式，传播了中国旅游发展的经验，扩大了中国旅游业发展理念的影响。这些都为旅游外交提供了生存的空间和坚强的支撑。

在中—美、中—俄和中—日等新型大国关系塑造中，旅游的不可或缺性日益凸显（服务重大政治主题，比如中日大型旅游交流活动等）；在周边外交中，旅游成为亲诚惠容战略对话的重要议题和睦邻、亲邻的关键一环。新形势下对旅游外交的期望是综合的，既注重用出境旅游市场的巨大能量影响世界，也希望通过有效的旅游外交手段，服务于入境旅游市场推广。在国家旅游线路推介、国家旅游形象塑造、旅游便利化方面走出新意；注重鼓励旅游企业追随中国游客的足迹走出去，直接介入主战场，在"一带一路""孟中印缅经济走廊""中巴经济走廊"等国家战略构想中切实发挥作用，解决"路通了，人没有来"或"人想来，路没有通"等方面的困扰，用市场和资本的力量倍增中国外交硬实力。通过旅游外交优化了国家和企业形象，在官方媒体、孔子学院之外提供更丰富的工具箱选择，从而提高国家形象的客观与亲和程度。

简言之，旅游在"和平的使者、友谊的桥梁、亲善的动力"方面表现出的特性能够满足外交的新需求，而旅游业影响的持续扩大使得这种满足产生了更为深远的影响。在一般情况下，日益增长的旅游实力与旅游影响需要更直接更有效地与国家各类政治、经济、外交目标达成匹配。

（二）当前面临的突出问题

1. 需要提高国际旅游事务参与能力

旅游国际合作正能量效果发挥的关键是如何全面提升国际事务的参与能力。我国已签署了诸多备忘录或旅游合作协议，但合作往往仅限于协议本身，地区、产业与人才等领域的合作还需要具体落实，提高参与国际事务的执行能力。如 ADS 是我国与目的地国家与地区建立的普遍性合作机制，但对于纳入 ADS 的国家或地区，只与欧盟之间进行了定期的系统评估和改进，大部分目的地的评估完善还没有提上日程，凭借 ADS 评估产生的话语权与主导权尚未体现。

2. 需要提高主动设置话题的能力

话题设置是维护国家利益、影响国际舆论和树立国家形象的重要手段。欧美发达国家对此拥有传统优势，往往主动出击，先发制人。长期以来，我国主动设置能力有待提高，在争夺国际话语权的竞争中仍处于弱势地位。面对国际重大事件，应寻找适当切入角度，形成更有针对性，也更有影响力的旅游全球对策。

3. 需要更具针对性和实效性的旅游国际合作中长期发展战略

作为增长最快的出境市场，中国极大地促进了目的地的旅游经济增长。中国游客在澳大利亚、新加坡、日本和韩国的消费均居首位，在美国、英国、法国等国家也居于领先地位。旅游市场地位的迅速增强是国际博弈中可以利用的积极因素。但是由于长远战略和应急预案缺位，并没有带来对等的权利提升。战略构思不清晰导致旅游国际合作在国际事务中易被动参与，"头痛医头，脚痛医脚"。特别是部门之间、地方之间的配合还需要更多的默契，以求相互支撑，互为所用。

第五节　旅游国际传播和国家形象
塑造与国际话语权

国际话语权离不开旅游的国际传播，旅游形成的国际传播事实上在相当程度上塑造了国际话语权。但是在目前的研究中，更多的情况是国际话语权表现的泛化。换言之，也就是用旅游国际传播和国家形象塑造等表现旅游国际话语权构建。或者在某种意义上将之等同起来。这种情况既体现了人们逐渐意识到他们之间存在着密切的关系，也体现了目前研究和认识总体上还处于比较初级的阶段。就旅游国际传播谈旅游国际传播，就形象塑造谈形象塑造，而更为重要的旅游国际话语权提升并没有在旅游国际传播和形象塑造上有意识地表现和强调，也对其中的关联少有涉及。

关于旅游国际传播，有学者认为，旅游是人到他乡的出行和游览，这样的迁徙过程实际就是人与他人跨文化交往的过程。因为任何人既是文化的创造者，也是文化的产物，任何人都具有一定的文化身份。在旅游过程中，以一定的文化身份到他乡或与具有一定文化身份的旅游中介（包括旅行社、导游以及旅游有关的服务人员）、当地居民以及其他外来旅游者进行人际交往，或体验目的地的文化，都是一种旅游文化的传播（郭志东，2009）。

李宇（2009）认为旅游业不仅是一个重要的经济产业，也是中国对外传播的一个重要渠道。相比大众媒体的对外传播，国际旅游具有"眼见为实"的优势。旅游者在中国耳濡目染、实际体验，在一定程度上能够更好地了解和认知中国。"旅游业是一个与国家对外传播和国家形象塑造非常密切的行业、产业。一个国家的旅游资源丰富，国家形象好，吸引的海外游客就多，而游客的口碑是对一个国家最好的宣传。从这一点上讲，做旅游工作就是做对外宣传、对外传播的工作。旅游工作与对外传播工作是紧密联系的业务领域，是相互促进的工作关系"（柯缇祖，2012）。

旅游和旅游国际话语权是国家形象建构的重要手段，而国家形象则是旅游传播能力和旅游国际话语权提升之后的目标指向。

旅游可以在提升国家形象方面发挥积极正面的作用，是形象、生动的对外传播方式。为了促进国际旅游，许多国家会选择在相关国家的大众传媒进行国家旅游宣传和推广活动,这些宣传客观上就是一个国家形象宣传,是一种形象而生动的对外传播方式。例如,在美国有线电视新闻网(CNN)国际频道上播放的广告,有近1/4是各国投放的国家旅游宣传广告(李宇,2009)。

旅游传播和旅游话语权提升有利于凝聚文化认同价值,从而引导国际社会对中国的理性认知。比如,旅游节目《远方的家》通过央视中文国际频道这个具有一定高度且国际化的媒介平台进行广泛传播,对于引导国际社会通过对节目的收视进而产生对中国人民及国情的理性认知也有着不可或缺的推动作用。《远方的家》通过合理化的软性宣传,从能够引起国际社会共鸣的自然风光、民间市情、风俗习惯等具有审美意象的角度切入,在培育国际社会对节目收视热情的同时,也顺势将当代中国的真实国情向世界传播。应该说,这种柔性的电视文化传播模式在一定程度上引导了国际社会对中国的深入了解,并因此产生对中国的文化价值认同(卜晨光,2014)。

旅游是人类生活与福利水平提高的重要标志,是世界各国实现文明传播、文化交流和友谊增进的纽带和桥梁。人类社会演进的经验告诉我们,绚丽多姿的世界文明和独树一帜的各国文化源于不同国家和民族的社会演进与劳动人民的历史创造。作为一种社会活动,旅游活动通过地域沟通的方式,极大地拓展了中国与东盟国家之间文明传播的深度和广度(李长津,2017)。

旅游文化传播是一种特殊的跨文化传播,旅游已经成为一种大众异质文化交往活动。旅游文化的传播有利于旅游可持续性发展,促使旅游业走内涵式发展道路。在"一带一路"倡议背景下,加强中华文化的海外传播,对实现中华民族的伟大复兴、展现我国悠久的历史文化风采意义重大(余义兵、吴丽莹,2018)。

以"旅游国际传播"为主题在知网上进行检索,检索结果发现,截至2022年1月28日,在主题分布上,有国际传播、传播研究、旅游文化、国际旅游岛建设、旅游形象、城市形象、文化传播、"一带一路"和对外传播(见图2-1)。

国内学者关于旅游国际传播的研究最初集中在省(市)旅游形象的传播上,如卿志军(2009)国际旅游岛建设中国海南旅游形象传播的思考,杨慧芸(2009)关于"大理旅游城市形象传播"的外国旅游者调查。随着互联网的发展,有关学者开始研究国际互联网上城市旅游形象传播,如赵倩倩

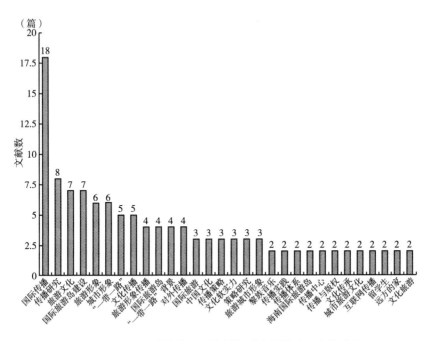

图2-1 知网以"旅游国际传播"为主题的主要主题分布

资料来源：以"旅游国际传播"为主题在中国知网（CNKI）进行检索获得数据。

（2011）研究国际互联网上传播的西安旅游形象，李娟等（2015）对国际互联网传播的新疆旅游目的地形象与其感知进行比较研究。2013～2015年，国际旅游发展背景下的中国国家形象传播（钟龙彪、刘力，2013）、文化旅游资源的国际传播（康宁，2013；蒙岚，2015）、电视旅游文化节目的传播研究（卜晨光，2014）等主题是研究热点。

2015年至今，关于旅游国际传播的相关研究，其研究视角更加广泛，研究主题更加多样。在研究视角上，相关学者从"一带一路"、文化软实力、国际传播、旅游文化传播、文化模因、大数据、传播人类学等视角对旅游国际传播进行研究。在研究主题上，包括旅游文化国际化传播问题、旅游文化国际传播力研究、国际旅游城市形象传播体系与策略分析、旅游文化品牌国际传播研究、中国文化国际传播实践研究等主题。这些主题与旅游国际话语权有关系，但是并没有在研究文献中明确地表述出来。

余义兵等（2018）在"一带一路"背景下对旅游文化国际传播进行研究，提出旅游文化传播面临最大的课题是如何在异质文化语境中实现跨文化传播。从文化休克和翻译中的文化回归角度探讨旅游文本的有效传播，以促进深层次的交流和理解，进而分享文化成果，弘扬我国悠久的历史文化。杨渊、王兵（2020）在"一带一路"背景下对乐山旅游文化品牌国际传播进行研究。随着"一带一路"建设的推进，我国与"一带一路"沿线国家的合作、交流越来越多，其中文旅项目的融合交流与日俱增。乐山作为拥有世界双遗产的旅游文化名城，拥有的优势旅游文化资源，抓住"一带一路"建设的契机，着力扩大乐山旅游文化的国际传播，对于提升乐山的世界知名度，助力乐山建设成为世界重要旅游目的地"核心区"有着重要意义。

章尚正、张鹭旭（2016）以黄山市入境旅游为例，研究文化软实力视域下旅游对外传播，提出要重视研究旅游对外文化传播的策略，首先传播者应具有国际传播意识，其次景点与产品开发应适应国际传播需要，再次要重视多元化对外传播渠道的建设。穆宝珠（2019）以呼伦贝尔旅游为例，研究文化软实力视域下的旅游文化对外传播研究。文化作为国家整体实力的一部分，旅游传播是国家文化软实力传播的重要途径，该文以呼伦贝尔旅游为例，分析了文化软实力视域下的旅游对外传播的具体策略，通过丰富的景观特色文化欣赏，对旅游者形成强大的吸引力并产生认同感。提出通过加强传播者的国际传播意识、文化景观建设符合国际化需求、创设丰富的国家化传播渠道等具体策略的实施，能够有效提高文化软实力视域下旅游对外传播的有效性。

旅游一直存在全球性的元素。自 20 世纪 90 年代以来，旅游业日益扩大的范畴和传播速度日益加快，至今已成为世界许多经济体中不可忽视的重要部门，并对当地的社会经济和文化产生了相当大的影响（Meethan K.，2008）。旅游业是促进和平的重要力量。世界旅游业的不同部门都为"通过旅游业实现全球和平"的目标作出贡献。旅游业，连同它显著的国际经济影响，超越了政府的界限。它通过更好了解不同的文化、环境和遗产，使世界各国人民更加紧密地联系在一起。它可能是促进世界各国人民之间的理解、信任和善意的最重要工具之一（Litvin，1998）。国际旅游作为现代服务业的重要组成部分，为目的地国的就业和改善国际收支状况创造了机会，陈骥等（2021）研究"一带一路"沿线区域经济增长与国际旅游收入之间的动态关系，通过估计全局向量自回归模型（GVAR）以及脉冲响应和方差分解来解释中国与其他地区之间的交互效应。方差分解结果表明，中国经济增长对其他地区国际旅游收入的贡献越来越大，各国旅游需求的相互依存性越来越强。因此，"一带一路"沿线国家应加强经济合作，减少旅游贸易壁垒，动态调整国际旅游业监管政策。此外，这些国家应共同促进区域经济和国际旅游业的互动发展。

阿尔多什纳（Aldoshyna，2014）研究在国际旅游中社会和商业交流互动的跨文化特征，分析乌克兰的跨文化环境在全球化背景下，在国际管理和市场营销领域的有效互动。从旅游企业活动的国际性、跨文化性质出发，提出了研究民族文化特征对旅游企业经营活动影响的必要性。最后文章提出了国际传播政策中的主要广告策略，帮助企业更有效地向国际市场推销其旅游产品。菲尔豪斯（Vierhaus，2019）研究分析了举办大型体育赛事对各国促进国际旅游业的长期发展是否是一个有用的营销平台。模型采用了国际贸易对双边国际游客的引力方程，发现只有夏季奥运会才存在国家层面的旅游效应。主办活动在举办之前的 8 年、其间和之后的 20 年里显著增加了国际游客人数。相比之下，举办国际足联世界杯在旅游推广方面总体上是无效的，尽管在活动年的游客人数更高。他将这些国际旅游发展的差异归因于促进旅游业的战略规划水平、媒体对广播观众的影响以及参与国的自身特质。维拉万等（Wirawan et al.，2014）研究了巴厘岛旅游在社交媒体上的形象，研究使用描述性定性方法，通过分析获得的社交网络媒体上的评论来描述这一现象，然后将评论分为正面、负面和不明评论。结果表明，社交网络媒体在旅游宣传中得到了有效利用，巴厘岛的许多公司都使用脸谱网（facebook）和推特（twitter）。哲米达（Dzemyda，2014）研究了国际旅游发展中的电子营销，巴萨诺等（Bassano et al.，2019）认为通过数字媒体，可以鼓励人们讲述他们的旅游故事，分享他们的经验，文章提出了一个地方叙事模式。地方政府和文化组织可以利用该模式鼓励和管理利益相关者参与到多层次的过程中，以改善数字时代的区域服务系统营销和传播。

第三章

我国旅游国际话语权的演进和面临形势

第一节　阶段划分

旅游国际话语权体现和反应的相关立场、观点和行动的影响力和号召力，是旅游领域主动争取，努力构建的结果。新中国成立以来，特别是改革开放以来，我国的旅游国际话语权从世界舞台的边缘逐渐开始进入中心，经历了显著提升和不断强化的历史性进程。由于大部分的国际文化和旅游交往合作发生在改革开放以后，因此本研究的主要研究时段是从改革开放至今的这段时期。总体来看，我国旅游国际话语权经历了借鉴摸索构建、创造性自主构建和高质量构建三个发展阶段。

第一个阶段是借鉴摸索构建阶段。从1978年改革开放至20世纪90年代中期。这个阶段我国开始并践行全面对外开放，经济实力迅速增长，旅游领域对发出自己的声音有更多的需求，也迫切需要发挥更大的影响力。与此同时，这些领域也开始为世界所关注。国际上有更多方面希望听到中国声音，了解中国变化，也希望实地到中国来看一看。

在改革开放政策引导和市场需求推动的双重作用下，旅游业走在改革开放的最前沿，入境旅游得以快速发展。为世界了解和理解中国创造了更为良好的条件，成为国家对外开放的重要窗口和中国服务的品质标杆，历史性地推动了改革开放进程。中国旅游部门和企业逐渐走出国门，特别是于1983年和1993年正式加入世界旅游组织和亚太旅游协会，中国开始成为国际旅游界的重要成员。根据国家统计局统计数据计算所得，20世纪80年代，入境游客年平均增长率为13.48%，入境外国游客平均年增长率为9.97%。20世纪90年代，入境游客年平均增长率为9.60%，入境外国游客平均年增长率为14.13%。

　　这一阶段中国开展国际旅游交流合作的主要目的是宣传本国旅游资源和借鉴其他国家旅游业发展经验，吸引入境旅游客源，合作中对外方需求较多。

　　第二个阶段是创造性自主构建阶段。从20世纪90年代中期到2017年，日益深化的改革开放带来了国力的迅速增强，也不断充实和提升着文化和旅游领域国际话语权的感召力。我国加入WTO不仅把握住了融入世界、加速发展的机遇，而且创造了展示中国经验、阐述中国主张的机会。在这段时间里，我国不仅模范遵守国际规则，积极响应联合国号召，而且成功举办奥运会、世博会等大型国际活动，不断展示依托改革开放实践感召构建国际话语的魅力。2014年习近平总书记在文艺工作座谈会上强调，国际社会对中国的关注度越来越高，有了解中国和中华文化的欲望，要讲好中国故事、传播好中国声音、阐发中国精神、展现中国风貌，让国外民众感受到中华文化的魅力，加深对中华文化的认识和理解。这个阶段旅游领域以出境旅游的发展为依托积极获取和强化国际话语权。1997年7月1日，原国家旅游局和公安部出台《中国公民自费出国旅游管理暂行办法》，出境旅游成为中国三大旅游市场之一。一些周边国家以及澳大利亚、新西兰、日本等发达国家相继成为中国公民出境旅游目的地。2000年，中国公民出境旅游人数首次超过1000万人次。中国游客的消费能力和经济带动作用引起各国重视。1994～2003年，出境游客潜力快速释放，是出境旅游影响初步形成阶段。此期间年出境游客人数突破2000万人次，平均增长速度为18.42%。2004～2013年，中国年出境游客规模达到"亿人次"，是出境旅游影响广泛扩散阶段，增长速度较前期略有放缓，但依然保持较高增长，年平均增长速度为13.02%，增长相对较为平缓。特别是我国出境旅游人数大幅增长，旅游合作成为国家间交往的重要内容，成为有吸引力的中国游客出境旅游目的地为许多国家和地区所热衷，旅游的话语权获取和强化功能日益显现。如ADS政策紧密配合我国外交大局，通过入境与出境市场的双向交流，不仅增加了外来者好感，又达到了扩大经济交往、增进双边投资、促进双方合作、增进长期友谊的目的，扩大了中国的国际影响。目前，包括入境与出境在内3亿人次的跨地区交流形成了我国外交战略中实实在在的民意基础和情谊支撑。特别是在中国获得与拉美、非洲等西方传统殖民地国家支持的大背景下，旅游国际合作有效回击了"新殖民主义"的指控，形成了"更加活跃和更具实质内容"的深度合作关系，获取了相关国际组织、政府和民众的更多认同和支持。

第三个阶段是高质量构建阶段。从2018年至今，以文化和旅游部的组建为标志。在这个阶段，无论是更好地规避西方话语陷阱，还是主动出击讲述中国故事、贡献中国智慧、提供中国方案、增强中国故事的国际传播，都需要立足文化和旅游融合，创造性高质量地构建文化和旅游领域的国际话语权。在这个阶段，文化和旅游战线紧紧围绕新时代的使命和要求，深挖文化和旅游融合所释放出的巨大潜能。为解决国际社会普遍关心的问题贡献中国智慧和中国方案，并且创造性构建国际话语去阐释和表达。坚持人民立场，运用马克思主义的方法，总结中国文化和旅游实践经验，提炼新的理论成果，构建中国特色话语体系。不仅扩大了"人类命运共同体""中国梦""一带一路""美丽中国""全面小康"等中国话语的传播和影响，还将"欢乐春节""全域旅游""厕所革命"等基于中国实践经验，富含马克思主义理论意蕴，又易为世人传播理解的话语推广开来，有些已经成为国际话语的时尚范例。当前这个阶段，不仅新冠肺炎疫情防控进入常态化，更是面临以国内大循环为主体、国内国际双循环相互促进的新发展格局。党的十九届五中全会提出："推动文化和旅游融合发展，建设一批富有文化底蕴的世界级旅游景区和度假区，打造一批文化特色鲜明的国家级旅游休闲城市和街区，发展红色旅游和乡村旅游。以讲好中国故事为着力点，创新推进国际传播，加强对外文化交流和多层次文明对话。"实际上就是要求以文化和旅游融合发展为新时代旅游国际话语权的高质量构建注入源源不断的强大动力，创建高质量的，符合时代特征的话语体系和传播体系。

第二节　中国参与的旅游领域重要机制和作为

上海合作组织、二十国集团（G20）、金砖国家和亚太经济合作组织（APEC）等重要国际机制中都设有旅游领域的安排，成为我国旅游国际话语权的重要阵地和宣示国家诉求和强化旅游业影响的重要渠道。在历届上海合作组织、G20、金砖国家组织和APEC等重要机制参与和运作上，我国形成了系统的中国观点和主张，发出了中国声音，贡献了中国智慧，并提出了系列的解决方案，扩大了中国旅游业发展理念的影响。

一、上海合作组织旅游合作机制中的中国话语表达

在上海合作组织旅游合作机制中，我国以人类命运共同体思想为引领，高度评价旅游合作的重要性。突出了相互扶持，同舟共济，分享了中国经验，积极推动将旅游"蛋糕"做大。在合作领域上，突出了旅游业的复苏和"一带一路"沿线的旅游合作，如表3-1所示。

表3-1 上海合作组织旅游合作机制中的重要活动和中方主张

年份	会议	中方提出旅游相关内容
2018	上海合作组织成员国首届旅游部长会议	● 在习近平主席构建人类命运共同体思想的指引下，中国积极推进"一带一路"合作，旅游合作是国际合作的重要方面，中方高度重视上合组织框架下的旅游合作。这次会议既是落实《上海合作组织成员国旅游合作发展纲要》的具体举措，也为扩大成员国之间的旅游交流、深入挖掘旅游合作潜力搭建了新的重要平台。希望上合组织成员国能够把握机遇，密切合作，进一步做大"旅游蛋糕"。建议认真落实《上海合作组织成员国旅游合作发展纲要》，做好旅游发展统筹；促进各国旅游发展战略政策对接，优化旅游政策环境；推动旅游与相关产业融合发展，让旅游为其他产业赋能
2020	上海合作组织成员国旅游部门领导人召开视频会议	● 在抗击新冠肺炎疫情的过程中，中国与上海合作组织各成员国相互支持，同舟共济，展现了"上合大家庭"安危与共、守望相助的良好传统。中国文化和旅游部及时果断采取措施，统筹推进旅游行业疫情防控工作，有效防止了疫情通过旅游途径传播扩散。当前形势下，各方一要多措并举，帮助本国旅游业尽快走出疫情困境；二要瞄准疫情过后旅游业发展新方向，把握合作机遇，促进旅游可持续发展，满足游客新时期新需求；三要放眼未来，为上合组织旅游合作创造更有利的发展条件。中方愿继续与各方扩大双向旅游合作，推动旅游业在经济复苏中发挥关键作用 ● 会议审议通过了《2021—2022年落实〈上海合作组织成员国旅游合作发展纲要〉联合行动计划》草案，并决定将该文件提交2020年上合组织峰会期间签署。该行动计划的主要任务包括：促进各成员方旅游调控领域法律的沟通，提升旅游服务质量，发展成员方旅游领域安全保障体系建设，完善旅游产品在成员方之间和在国际市场的推广体系，加强数字技术在旅游领域的应用，推动入境旅游政策便利化，建设成员方旅游领域专业人才培养体系等

年份	会议	中方提出旅游相关内容
2021	上海合作组织成员国旅游部门领导人会议	● 目前中国国内居民出游意愿和旅游消费信心显著回升，全国旅游市场迎来全面复苏的转折点。中方与包括上合组织成员国在内的世界各国旅游主管部门密切合作，积极分享旅游领域应对疫情的中国经验和方案，努力践行习近平主席在2020年上合组织峰会上提出的"构建人文共同体"重要倡议 ● 关于进一步推动疫后上合组织旅游合作建议：一要加快数字化为旅游赋能，开辟合作新方向；二要深化地方对接，开拓合作新空间；三要促进旅游与文化融合发展，丰富合作新内涵。中方愿继续与各方加强协作，共同推动上合组织旅游合作走出疫情困境，助力国际旅游业整体复苏 ● 与会各方研究了上合组织成员国旅游行业现状和为激发旅游业发展潜力所采取的措施，商定将互相提供帮助和支持，克服疫情对各国旅游业带来的影响。各方在线签署了《2022—2023年落实〈上海合作组织成员国旅游合作发展纲要〉新环境下联合行动计划》和会议纪要，通过了会议新闻声明
	上海合作组织青岛峰会（习近平主持会议并发表重要讲话）	● 拉紧人文交流合作的共同纽带。我们要扎实推进教育、科技、文化、旅游、卫生、减灾、媒体、环保、青少年等领域交流合作
2022	上海合作组织成员国旅游部门领导人会议	● 旅游合作是上合组织成员国人文交流合作的重要内容。新冠肺炎疫情发生以来，各方精诚团结、紧密合作，连续举办旅游部门领导人会议，交流旅游企业扶持经验，探讨促进旅游业转型升级和旅游人才培养的方式路径，保证了疫情防控常态化背景下旅游合作不断线，不仅为疫后成员国之间旅游往来复苏储势蓄能，也为全球抗击疫情作出了贡献 ● 关于下一阶段进一步加强旅游领域合作，中方提出以下几点：一要积极应对疫情影响，助力本国旅游业恢复发展；二要加快数字化发展，绘就旅游合作美好前景；三要着眼未来，加强合作，共创上合组织旅游新气象。中方愿与各方一道，支持旅游企业深度挖掘丝绸之路历史文化资源，合作研发和推广具有区域特色、一程多站式的上合组织丝绸之路旅游精品线路，更好满足后疫情时期上合组织国家游客新需求，提升地区旅游国际化水平和国际竞争力，为各国旅游业发展增添新活力 ● 会上，各方围绕上合组织联合旅游线路及统一旅游品牌开发、扩大旅游领域投资合作、发展旅游基础设施、签订《上海合作组织成员国政府间旅游合作发展协定》等议题充分交流了意见，审议同意了印度提名瓦拉纳西市作为"上合组织旅游和文化之都"，并通过了上合组织成员国旅游部门领导人会议纪要和联合新闻声明

续表

年份	会议	中方提出旅游相关内容
2022	上海合作组织秘书长张明会见中国文化和旅游部部长胡和平	• 上海合作组织秘书长张明高度评价中方为推动上合组织文化和旅游合作所作的不懈努力，强调文化和旅游合作是上合组织务实合作的重要发展方向之一。感谢东道国给予秘书处的支持和协助，愿与中方及其他各成员国进一步加强协作，推动文化和旅游合作在上合组织发展进程中发挥更大作用，加深各国人民之间的交流和理解，促进上合组织地区繁荣发展，为维护本地区安全稳定、促进全球和平发展作出更多贡献 • 文化和旅游部部长胡和平提出中方愿继续加强文化和旅游领域多边合作机制建设，提升成员国合作品牌国际影响力，将一如既往支持上合组织秘书处工作，共同推动上合组织文化和旅游合作不断迈上新台阶

资料来源：根据文化和旅游部官网信息整理。

二、G20 旅游合作机制中的中国话语表达

在 G20 旅游合作机制中，我国介绍了中国发展旅游业、抗击新冠肺炎疫情和推动旅游业复苏的经验。在不同时期针对各方关注的问题提出了中国的主张，如各成员应进一步放宽签证限制、简化出入境手续、完善商品通关、购物免退税、货币兑换等政策，促进旅游投资合作，共同做大旅游市场"蛋糕"等。如表 3 – 2 所示。

表 3 – 2 G20 旅游合作机制中部分重要活动和中方主张

年份	会议	中方提出旅游相关内容
2016	第七届二十国集团（G20）旅游部长会议	汪洋在北京出席第七届二十国集团（G20）旅游部长会议开幕式提出：各成员应进一步放宽签证限制，简化出入境手续，完善商品通关、购物免退税、货币兑换等政策，促进旅游投资合作，共同做大旅游市场"蛋糕"，为促进世界经济复苏加油助力。要进一步发挥旅游业就业门槛低、吸纳就业强的优势，让各国人民更多参与旅游产品开发，共享旅游发展成果。中国愿与各方分享"互联网＋"旅游、厕所革命、全域旅游、乡村旅游等方面的发展经验
2021	二十国集团旅游部长视频会议	文化和旅游部部长胡和平向与会者介绍了在抗击新冠肺炎疫情、推动旅游恢复的过程中，中国出台扶持政策、加快建设智慧景区、培育智慧服务管理平台、推动线上线下融合发展等方面的举措和取得的良好成效。他倡议，各国应抓住机遇推进数字转型、完善旅游信息基础设施、丰富智慧旅游应用场景、加强旅游从业人员培养，为旅游恢复发展注入新活力

资料来源：根据文化和旅游部官网信息整理。

三、金砖国家旅游合作机制中的中国话语表达

在金砖国家旅游合作机制中，我国介绍了中国发展旅游业、抗击新冠肺炎疫情和推动旅游业复苏的经验。针对各方关注的问题提出了中国的主张，如与各方探讨建立基于核酸检测结果、以国际通行二维码为形式的健康码国际互认机制，在疫情之下为旅游恢复探索可行之路等。如表3-3所示。

表3-3　　　　金砖国家旅游合作机制中的部分重要活动和中方主张

年份	会议	中方提出旅游相关内容
2021	金砖国家旅游部长视频会议	● 中国国内疫苗接种已全面铺开，免疫屏障加速构建，疫情防控形势平稳向好，居民旅游意愿和消费信心逐步提升。中方将根据全球疫情发展形势，适时研究入出境旅游开放方案，与各方探讨建立基于核酸检测结果、以国际通行二维码为形式的健康码国际互认机制，为疫情之下旅游恢复探索可行之路。中方就深化金砖国家旅游领域交流合作提出三点建议：一是坚持精准纾困，培养人才队伍；二是鼓励绿色旅游，推动可持续发展；三是加强融合发展，重塑发展动能。张旭表示，中方愿同各国分享中国发展红利和发展机遇，同包括金砖国家在内的广大发展中国家和新兴市场一道，强化政策对接，便利人员往来，推动旅游业疫后恢复，促进旅游业可持续、高质量发展 ● 与会各国代表一致认为，金砖国家加强旅游领域互利合作，有助于重塑国际旅游业信心，推动旅游业疫后复苏。会议通过成果文件《金砖国家旅游部长会议公报》
2020	金砖国家旅游高级别视频会议	● 会议介绍了中国旅游业发展现状以及疫情防控常态化背景下促进旅游业恢复的措施。张旭表示，中方愿与各成员国凝聚合力，秉承平等互利、包容互鉴、合作共赢的精神，推动疫后金砖国家旅游合作高质量发展，提出加强金砖国家旅游领域合作的几点建议：一是加强文旅融合，促进相互发展；二是加强数据和经验分享，推动务实合作；三是加强新技术在旅游业中的运用，推动创新发展
2016	2016金砖国家旅游部长会议	● 中方就建设金砖国家旅游伙伴关系提出建议——构建旅游交流合作机制、提升旅游往来便利化水平、加强旅游宣传推广合作、共同推动旅游可持续发展等 ● 中方代表还重点介绍了"美丽中国—丝绸之路旅游年"主题和相关旅游路线、2016年印度"中国旅游年"活动开展情况以及中国十大国际旅游品牌。印、南、俄三国代表在介绍本国旅游资源和产品线路时，均对吸引中国游客、开拓中国客源市场表现出强烈兴趣，并乐观预测今年接待中国游客数量将实现较大幅度增长

资料来源：根据文化和旅游部官网信息整理。

四、APEC旅游合作机制中的中国话语表达

亚太经济合作组织旅游工作组（TWG）成立于1991年，作为亚太经济合作组织经济体旅游管理人员共享信息、交换意见和发展旅游、贸易和政策合作领域的平台，以通过旅游和旅游业支持该地区的增长。

2020年，该小组批准了《2020—2024年亚太经合组织TWG战略计划》，涵盖四个优先领域：数字化转型、人力资本开发、旅行和便利化竞争力和可持续旅游业和经济增长。

旅游部长会议每2年召开1次，由当年APEC东道国主办。旅游工作组会议每年举行2次，时间由主办成员经济体自行选定，一般为上半年1次，下半年1次。当举行旅游部长会议时，东道国将在部长会议前举办工作组会议。2013年8月在泰国召开了第43次旅游工作组会议，2014年4月在秘鲁召开了第44次旅游工作组会议。原国家旅游局积极参与APEC旅游领域会议，每年均派员参加工作组会议，并由局领导率团出席APEC旅游部长会议。

由文化和旅游部推荐申报，分别由中国旅游研究院等机构承办的研究项目"旅游业中小微企业和个人如何在新冠肺炎疫情危机中生存和恢复：数字工具带来的机遇""亚太地区旅游业在新冠肺炎疫情恢复期的状况、发展趋势和挑战"，经APEC预算管理委员会批准为APEC项目，获得相关经费支持，实现了我国在APEC旅游领域项目申请零的突破。APEC旅游合作机制中的重要活动和中方主张如表3-4所示。

表3-4　　　　　APEC旅游合作机制中的重要活动和中方主张

年份	会议名称	中方发言内容
2014	第八届APEC旅游部长会议	● 中方代表表示，旅游交流是跨文化、跨民族、跨地域的沟通，旅游业是天然的开放行业。作为亚太地区的一分子，中国旅游业的发展从来都离不开亚太地区这个大家庭、大环境。中国的18个重点入境客源国里，有12个是APEC经济体成员，2013年，这12个经济体来华旅游人数占外国人入境总量的70%。多年来，亚太各经济体坚持不懈地推动区域旅游市场的开放和发展，目前已经形成了全球最大的航空市场、最大的国际目的地市场、也成为全球发展最快、最受关注、最有潜力的旅游客源地市场。中方代表指出，在旅游发展上，亚太各经济体也存在着发展不平衡、基础设施不完善、服务跟不上、合作渠道不畅通等问题。为此，中方建议，亚太各经济体共同消除壁垒，打造更加开放的区域旅游市场，中国愿鼓励更多的游客前往亚太各地旅游，也支持更多的中国企业到亚太各地投资旅游；深化合作，建立务实高效的区域旅游合作机制，建立互联互通的旅游交通、信息和服务网络，以旅游年活动等为载体，加强区域性客源互送，构建互惠互利的区域旅游合作体；加强联合推广，共同打造区域旅游品牌，亚太各经济体可以共同开发跨境旅游产品，编印区域旅游宣传品，组织联合参展促销，在主要客源市场集中打造统一的区域旅游品牌

续表

年份	会议名称	中方发言内容
2016	第九届APEC旅游部长会议	• 第9届亚太经合组织（APEC）旅游部长会议在秘鲁首都利马举行，中方代表在会议发言中介绍了中国旅游业发展情况和中国全域旅游发展理念。强调，中国正进入大众旅游时代，旅游业在经济社会发展中的作用和影响更加广泛。中方正在按照"创新、协调、绿色、开放、共享"五大发展理念，积极探索全域旅游发展。中国的发展离不开亚太，亚太的发展也需要中国。中国愿与亚太经合组织各经济体开展全方位、多层次的旅游合作，为实现亚太旅游发展目标共同努力 • 与会代表发言时积极评价中国旅游发展成就，并对中国成功举办首届世界旅游发展大会表示祝贺。会议期间，刘金平与秘鲁、美国、韩国、智利、澳大利亚等经济体旅游部长及代表，世界旅游业理事会等国际组织负责人进行了交流
2018	第十届APEC旅游部长会议	• 第十届亚太经合组织（APEC）旅游部长会议于2018年6月1日在巴布亚新几内亚首都莫尔兹比港召开。会议通过了《第十届APEC旅游部长会议声明》，发布了《APEC旅游利益攸关方指导方针》，就推动APEC区域内旅游业可持续发展，促进包容性发展，深化旅游合作达成多项共识。来自APEC21个经济体代表与会。中方代表就进一步深化务实合作提出四点倡议，包括加强区域合作，共促互联互通；鼓励旅游投资，加强基础设施建设；加强合作交流，分享旅游业发展经验；完善突发事件应急处理机制，探索建立应急救援机制。杜江指出，中国将继续在APEC旅游合作机制内，深化与相关经济体旅游国际合作，积极参与全球旅游治理体系改革和建设，愿与各经济体共同努力，实现2025年前亚太地区接待游客人数达8亿人次的目标 • 与会其他各经济体代表介绍了本经济体近年旅游业发展情况。会议就促进旅游业可持续发展、推动包容性发展、促进社区发展与就业、加强技术手段在旅游业中的应用等议题进行了专题讨论

第三节 中国在重要国际旅游组织中的地位和作用

中国在重要国际组织中的参与度正在日益提升，人事参与和语言使用明显地表现了这一趋势，这也有益于中国的话语权提升。中国在重要国际旅游组织中的参与情况如表3-5所示。

表3-5   中国在重要国际旅游组织中的参与情况

国际旅游组织	重要领导人是否为中国人	主要使用语言是否为中文
世界旅游组织（UNWTO）	否	中文为官方语言之一
世界旅游和旅行理事会（WTTC）	是（有中国企业家担任副职）	否

国际旅游组织	重要领导人是否为中国人	主要使用语言是否为中文
亚太旅游协会（PATA）	否	否
世界旅行社协会联合会（UFTAA）	否	否
世界旅行社协会（WATA）	否	否
国际航空运输协会（IATA）	是（有中国代表为理事会成员）	是
国际民用航空组织（ICAO）	否	是
国际南极旅游组织协会（IAATO）	否	否
世界研学旅游组织（WRTO）	是	是
世界旅游城市联合会（WTCF）	是	是
世界旅游联盟（WTA）	是	是
国际山地旅游联盟（IMTA）	是	是

一、世界旅游组织（UNWTO）

世界旅游组织（UNWTO）是联合国系统的政府间机构，是目前世界上唯一全面涉及国际旅游事务的全球性政府间机构，同时也是当今旅游领域最具影响力的国际组织。中国加入世界旅游组织后，在世界旅游组织中的话语权不断提升。1983 年 10 月 5 日，世界旅游组织第五届全体大会通过决议，接纳中国为正式成员国，成为它的第 106 个正式成员。1987 年 9 月，在第七届全体大会上，中国首次当选为该组织执行委员会委员，并同时当选为统计委员会委员和亚太地区委员会副主席。1991 年，中国再次当选为该组织执委会委员。祝善忠出任联合国世界旅游组织执行主任。2003 年 10 月，世界旅游组织第 15 届全体大会在北京举行。2011 年 10 月 9 ~ 13 日，第 19 届世界旅游组织全体大会通过 2011 ~ 2015 年执委会 16 个选举决议，中国成功连任执委会成员国。

世界旅游组织大会每 2 年举行 1 次，以批准预算和工作计划，并讨论对旅游业至关重要的主题。1975 ~ 2021 年，共举办了 24 次大会，其中有两次在中国举办，分别是 2003 年在北京举办的第十五次会议，2017 年在成都举办的第二十二次会议。中国在世界旅游组织中的发展如表 3 - 6 所示。

表 3 - 6 中国在世界旅游组织中的发展

时间分类	议题数量（个）	时间和场合	议题数量（个）	议题内容
2000 年以前	10	1983 年 10 月 5 日，第五届会议	1	接纳中国为正式成员国
		1985 年 9 月 17 日，第六届会议	1	156 号决议：中国担任第六届会议副主席职务
		1987 年 9 月 22 日，第七届会议	1	225 号决议，宣布中国成为 1987～1991 年十二名执行理事会成员之一
		1989 年 8 月 28 日，第八届会议	1	231 号决议，任命曾在其第七届会议上担任 A 委员会主席的中国代表为 A 委员会临时主席之一
		1991 年 9 月 30 日，第九届会议	2	277 号决议，宣布中国当选为大会工作委员会主席团成员。会议 294 号决议选举中国为 1992～1995 年执行理事会成员之一
		1993 年 10 月 4 日，第十届会议	2	300 号决议宣布中国当选为大会全体委员会主席团成员。325 号决议中，大会感谢巴西、中国、摩洛哥、秘鲁、罗马尼亚和土耳其表示有兴趣主办 1997 年第十二届会议
		1999 年 9 月 27 日，第十三届会议	2	会议 391 号决议提到，收到 1999 年 9 月 15 日中华人民共和国驻西班牙大使馆的普通照会，中国在照会中代表其香港特别行政区接受该组织的章程和准会员义务。批准中国香港特别行政区根据章程第六条申请为本组织准会员。大会 408 号决议，宣布中国当选为 1999～2003 年度执行理事会成员之一
2001～2010 年	11	2001 年 9 月 24 日，第十四届会议	2	417 号决议宣布，根据执行理事会的建议并按照第 279（IX）号决议核准申请成为以下机构的附属成员：中国国际旅行社总社（中国）、香港旅游协会（中国） 443 号决议，审议了中国政府提出的建议：一是热烈感谢中国政府的邀请；二是以无记名投票方式进行选举，决定于 2003 年 9 月或 10 月在北京举行第十五届会议

时间分类	议题数量（个）	时间和场合	议题数量（个）	议题内容
2001～2010 年	11	2003 年 10 月 19 日，第十五届会议	3	446 号决议宣布选举中国为第十五届大会主席，中国国家旅游局副局长顾兆玺作为代表；466 号决议提出获悉鉴于世界旅游组织已转变为联合国的一个专门机构，且中文为联合国的正式语文，中国要求在世界旅游组织内采用中文；475 号决议对大会举办国中国表示感谢：由于中华人民共和国政府向本组织提供了良好的工作条件，会议得以圆满结束
		2005 年 11 月 28 日，第十六届会议	1	500 号决议提出，在获悉葡萄牙语国家和中国分别提出的要求后，引进葡萄牙语和中文的组织，进一步决定继续采用越来越多的语言（尤其是中文）交流的政策
		2007 年 11 月 23 日，第十七届会议	3	521 号决议提出：收到中国提出的修改第三十八条的请求，要求将中文作为本组织的正式语言，考虑到中国在国际旅游交流中日益重要的作用，采用中文将是本组织的一种进步。议题讨论中方关于修改世界旅游组织章程，将中文列为世界旅游组织官方语言的提议，全体大会采纳了中方提议 542 号决议提出，感谢 CED 世界优秀旅游目的地城市中心（CED）的新顾问委员会（包括安道尔、加拿大、中国、法国、摩纳哥、墨西哥、沙特阿拉伯、南非和西班牙）愿意为该倡议提供技术和后勤支持，并确定和解决其所代表地区的目的地需求 548 号决议提出宣布中国当选为 2007～2011 年度执行理事会成员
		2009 年 10 月 5 日，第十八届会议	2	在通过的 575 号决议中，回顾了撒马尔罕（1994 年）、希瓦（1999 年）和布哈拉（2002 年）的宣言，以及联合国世界旅游组织历次与"一带一路"相关的会议结论，具体包括 1996 年在西安（中国）、1997 年在奈良（日本）、德黑兰（伊朗）和伊斯坦布尔（土耳其）、1998 年在京都（日本）和阿拉木图（哈萨克斯坦）、2003 年在北京（中国）以及 2008 年在阿拉木图 579 号决议指定中国于 2010 年举办世界旅游日 "丝绸之路"倡议提到，"丝绸之路"国家（如中国和欧亚国家）的经济增长为"一带一路"未来的推进提供了积极的环境。上海合作组织、欧亚经济共同体等区域合作机构有能力为其成功发挥重要作用

时间分类	议题数量（个）	时间和场合	议题数量（个）	议题内容
2010～2019年	12	2011年10月10日，第十九届会议	4	587号，决定暂时接纳中国旅游投资有限公司候选成员 600号决议，与地方政府签订的合作协议：2009年9月21日联合国世界旅游组织与中国杭州市人民政府签订合作协议；2011年7月22日，世界旅游组织与中国黄山市政府签署谅解备忘录；2010年10月13日，世界旅游组织亚洲及太平洋区域项目与中国天津市旅游局签署谅解备忘录；2011年3月20日，世界旅游组织与中国杭州旅游委员会签署合作协议；2011年4月6日，世界旅游组织与中国苏州市人民政府签署谅解备忘录；2011年9月2日，世界旅游组织与中国天津市人民政府签署谅解备忘录。与非政府组织签订的协议：2011年4月11日，世界旅游组织亚洲及太平洋区域计划与中国世界酒店协会签署合作备忘录。与大学签订合作协议：2010年9月28日，世界旅游组织与中国中山大学签订合作协议 608号决议，感谢中国和埃及政府作为东道国分别举办了2010年和2011年世界旅游日活动 609号决议，宣布中国当选为2011～2015年度执行理事会成员之一
		2013年8月24日，第二十届会议	1	629号决议，2012年12月11日，世界旅游组织与中国澳门旅游研究院签订的合作协议
		2015年9月12日，第二十一届会议	2	671号决议，宣布中国当选为2015～2019年度执行理事会成员之一 672号决议，讨论大会第二十二届会议的地点和日期，热烈感谢中国政府的邀请；决定于2017年在中国成都举行第二十二届会议，会议日期由中国政府商定
		2017年9月11日，第二十二届会议	4	675号决议，宣布选举中华人民共和国为第二十二届会议主席 678号决议，设立一个特设委员会审查和编写《公约》的最后案文，中国是成员之一 681号决议，根据执行理事会的建议和第279（Ⅸ）号决议，根据大学章程第7（3）条和第7（4）条批准澳门城市大学（中国）、广东长隆集团有限公司（中国）、澳门理工学院（中国）的附属成员申请 709号决议表示特别感谢中华人民共和国政府向世界旅游提供了杰出的工作条件，会议得以圆满结束
		2019年9月9日至13日，第二十三界会议	1	726号决议宣布中国当选为2019～2023年度执行理事会成员之一

二、世界旅游和旅行理事会（WTTC）

至今 WTTC 在中国举办了两次全球峰会，分别是 2010 年在中国北京举行的世界旅游旅行大会全球峰会，2014 年在中国海南举行了世界旅游旅行大会。

鉴于中国旅游业，尤其是出境游发展对世界旅游业的推动，2017 年第十七届峰会专门设置了中国主题环节。

2019 世界旅游理事会全球峰会的主题是"变革者"，峰会举办了"中国：一颗冉冉升起的新星"等专题讨论会。中国在旅游集团投资和景区建设方面取得了举世瞩目的成就，2019 年获得了 WTTC 全球冠军奖——基础设施投资奖。

在目前 WTTC 的 53 个全球会员中，中国会员有 6 个，其中中国除港澳台地区外会员有5 个，分别是上海锦江国际酒店集团、北京首都国际机场有限公司、中国旅游集团、长隆集团和北京首都国际机场有限公司。

三、世界旅游联盟（WTA）

世界旅游联盟由中国发起成立，是第一个全球性、综合性、非政府、非营利国际旅游组织。世界旅游联盟以"旅游让世界更美好"为核心理念，以旅游促进发展、旅游促进减贫、旅游促进和平为目标，加强全球旅游业界的国际交流，增进共识、分享经验、深化合作，推动全球旅游业可持续、包容性发展。世界旅游联盟会员包括各国全国性旅游协会、有影响力的旅游企业、智库等，国际组织负责人、各国卸任旅游官员、旅游企业负责人和著名学者等。世界旅游联盟致力于为会员提供专业服务，搭建会员之间对话、交流与合作平台，促进会员间业务合作与经验分享；以开放的姿态与相关国际组织沟通协调，促进国际旅游合作；组建高层次旅游研究和咨询机构，研究全球旅游发展趋势；收集、分析、发布全球、地区旅游数据；为政府及企业提供规划编制、决策咨询及业务培训；建立会员间旅游市场互惠机制，促进资源共享，开展旅游市场宣传推介；举办联盟年会、峰会、博览会等活动，为民间和政府搭建交流与合作的平台，推动全球旅游界与其他业界的融合发展。

联盟总部和秘书处设在中国，工作语言为中文、英语、法语、俄语、阿拉伯语和西班牙语。第一届大会在全球范围内发起招募了 89 名创始会员，来自美国、法国、德国、澳大利亚、南非、日本、巴西等国家，体现出会员国际性、代表性、广泛性。

当前世界旅游联盟会员的地域分布广泛，包括国内组织 100 家，国际组织 117 家，覆盖 40 多个国家和地区。亚洲有韩国的首尔、日本的大阪和东京、泰国、马来西亚、缅甸、新加坡、阿联酋的阿布扎比、卡塔尔、蒙古国、以色列、尼泊尔的加德满都、沙特阿拉伯的麦地那、印度、印度尼西亚、土耳其。大洋洲有澳大利亚、新西兰的奥克兰。欧洲有保加利亚、英国、比利时的布鲁塞尔、丹麦的欧登塞、德国的柏林、汉堡、汉诺威和基尔、俄罗斯、英国、法国的安德尔、昂布瓦兹、巴黎的卡尔卡松、芬兰、瑞士的日内瓦和蒙特勒、奥地利的克雷姆斯、西班牙的马德里、伊比利亚地区。美洲有加拿大、美国的费城、加利福尼亚、西雅图、洛杉矶、伊利诺伊州和芝加哥、巴拿马、巴西；非洲有埃及的阿尔及利亚、哈萨克斯坦、加勒比地区、南非、突尼斯。

前联合国世界旅游组织秘书长塔勒布·瑞法依高度评价了中国在世界旅游业中的地位，强调了中国为世界旅游业作出的重要贡献。"中国为世界提供了最好的范例——将旅游业作为优先发展的领域，在乡村发展及扶贫议题上，充分释放了自身潜力。我们相信，旅游业发展的中国模式以及中国在这些议题上所采取的措施，可以用于指导其他目的地发展。"近年来，联合国世界旅游组织与中国政府间的合作正在不断加深。中国为世界旅游业发展贡献了诸多新理念、新倡议、新思路。瑞法依强调，中国的"一带一路"倡议对世界旅游发展而言极为重要。[1]

世界旅游联盟的平台由品牌活动、旅游减贫和行业研究三个部分组成。其中，品牌活动是以"湘湖对话"为代表，以旅游为核心，探讨热点及趋势话题，以旅游为纽带，连接世界与中国。"旅游减贫"持续加强与中国国际扶贫中心，世界银行在旅游减贫事业合作，建立旅游减贫案例库，开展旅游减贫研究、非遗保护等公益类活动。行业研究则为会员和业界提供智力支持

---

① 赵珊. 中国将引领世界旅游业［N］. 人民日报海外版，2017-09-12（1）.

和决策参考，与相关机构合作共同发布一系列报告。

截至 2020 年，"世界旅游联盟·湘湖对话"已举办 3 届，由世界旅游联盟倡导主办的国际旅游业高层论坛，世界旅游联盟为全球旅游业互联互通、共享共治打造的综合性公共平台。国际组织、政府、企业、学界、媒体等共同构成"世界旅游联盟·湘湖对话"的参与主体。开放、包容、创新是"世界旅游联盟·湘湖对话"的原则和立场。

四、世界旅游城市联合会（WTCF）

世界旅游城市联合会于 2012 年 9 月 15 日在北京成立，是一个非政府、非营利国际组织，是第一个将总部永久落户中国的国际性旅游组织，同时也是第一个以城市为主体的国际性旅游组织，填补了目前各旅游城市间没有合作组织的空白。官方语言为中文和英文。据世界旅游城市联合会（WTCF）官网统计，2012 年成立以来，会员数量已从最初的 58 个发展至当前的 236 个，覆盖全球 82 个国家和地区，其中城市会员 158 个，机构会员 78 个，6 个分会会员总数 288 个。

目前，联合会已在北京（中国）、拉巴特和非斯（摩洛哥）、重庆（中国）、洛杉矶（美国）、青岛（中国）、赫尔辛基（芬兰）召开了 8 届全球峰会。

世界旅游城市联合会以"旅游让城市生活更美好"为核心理念，致力于推动会员之间的交流合作，促进旅游业持续增长。联合会重点关注提升旅游城市作为国际旅游目的地的吸引力，提升旅游城市服务质量和效益，提升旅游城市品牌形象，促进旅游城市及区域经济社会协调发展，是世界上首个由主要国际旅游城市与旅游有关的机构自愿组成的非营利性的全球性国际旅游组织。

自 2017 年以来，先后在亚洲、非洲、欧洲、拉丁美洲的会员城市举办区域论坛。对主办地所在地区文化、旅游、经济等重点议题进行探讨交流，为区域旅游发展建言献策，为城市旅游建设提供对策和建议。并举办旅游交易会和投资对接会。历年区域论坛概况如表 3－7 所示。

表 3 - 7　　　　　　　　　　　　历年区域论坛概况

时间	地点	主题	出席嘉宾/组织	成果
2017.3	槟城（马来西亚）	"一带一路"旅游走廊与节点城市建设	联合国世界旅游组织。亚太旅游协会、联合会亚太区 28 个城市会员和机构会员的代表，联合会专家委员会专家、槟城州政府代表和企业界人士等 300 多名嘉宾出席此次论坛。30 多家媒体对这次论坛进行全面报道	●发布"一带一路"旅游走廊节点城市建设倡议 ●提出"一带一路"旅游走廊节点城市建设发展愿景
2017.6	阿斯塔纳（哈萨克斯坦）	"一带一路"的盛事—首届泛亚洲中国旅游论坛	来自西班牙、意大利、伊朗、中国、俄罗斯、乌兹别克斯坦、阿塞拜疆和吉尔吉斯斯坦等多个国家的 200 多名旅游业专家、机构及国际组织的代表们参加了论坛。哈萨克斯坦媒体对此进行了专访	●作为共同主办方，发表主旨演讲：详细剖析中国出境旅游市场；就中国游客出行数据及出游模式的转变及发展现况，中国出境游客的特征、习惯和喜好等进行了分析 ●发布最新研究成果：《中国公民出境（城市）消费市场调查报告》
2018.1	卡萨布兰卡（摩洛哥）	"一带一路"与中摩旅游合作	中国知名旅行社买家、非洲国家代表、旅游业专家等 100 余人参加此次论坛。中国国内和当地媒体进行报道	●举办"中国—摩洛哥旅游合作论坛为摩洛哥 164 家旅游企业进行了培训。组织了以"摩洛哥旅游产品的开发与营销"为题的沙发论坛。举办旅游交易会，15 家中国知名旅游企业与摩洛哥 175 家旅游机构就共同开发"一带一路"旅游产品进行一对一交易洽谈

时间	地点	主题	出席嘉宾/组织	成果
2018.4	波哥大（哥伦比亚）	拉丁美洲：世界旅游的新兴力量	来自中国、哥伦比亚、秘鲁、阿根廷、巴拿马、巴西、美国、厄瓜多尔9个国家的200多名代表参加了本次会议。众多知名媒体有针对性地展开拉丁美洲旅游宣传推介	• 开展"国际旅游目的地推广与营销"专题培训 • 举办旅游对接会、来中国有影响力的7大旅行社和近百个哥伦比亚旅游企业代表进行了一对一旅游洽谈活动 • 举办两个论坛："中国与拉丁美洲旅游合作""旅游目的地产品推广与营销" • 组织凯撒、国旅、途牛等7家在中国最有影响力的旅行社与哥伦比亚64位旅游企业和机构代表进行了200多对一、一对一的商务洽谈
2018.12	塞维利亚（西班牙）	中国—欧洲城市旅游合作与发展	联合会欧洲国家的会员城市代表、联合会专家委员会专家、旅游企业代表、投资基金经理和旅游媒体及当地旅游从业者等约200人参加了本次会议。吸引了共近40家知名媒体的聚焦和报道	• 举办两场论坛及一场专题对话：欧洲旅游城市与中国出境旅游；中国欧洲旅游市场的"新热点和新产品" • 举办旅游及投资洽谈会。来自凯撒旅游、中国国旅、途牛旅游、携程网等11家中国知名旅游企业及投资机构与塞维利亚当地旅行业从业者 • 约100人就共同开发塞维利亚特色旅游产品开展了370轮次的一对一交易洽谈，拓展合作渠道，达成合作意向。形成务实有效的合作成果
2019.4	巴拿马城（巴拿马）	中国出境游与拉美加勒比地区旅游发展	来自拉丁美洲及加勒比地区11个国家的旅游企业、政府代表，旅游媒体、投资基金经理和巴拿马当地旅游业界200多名代表了这次会议，众多知名媒体有针对性地开展拉丁美洲旅游宣传推介	• 举办"国际旅游目的地推广与营销"专题培训 • 举办两个论坛"中国出境旅游市场新形态"；"拉美及加勒比地区旅游发展" • 举办旅游交易会。携程、凯撒、众信、途牛、康辉、穷游网等7家在中国最有影响力的旅行社与巴拿马64位旅游企业和机构代表进行了258次一对一的商务洽谈，共同开发更多适合中国游客需要的旅游产品，以实际行动推动中拉旅游深度合作

续表

时间	地点	主题	出席嘉宾/组织	成果
2019.4	蓬塔卡纳（多米尼加）	2019世界旅游城市联合会蓬塔卡纳旅游洽谈会	来自多米尼加全国旅游企业、旅游媒体、投资代表、旅游业界共400余人以及蓬塔卡纳旅游集团、旅行社、酒店集团等30余家企业参加会议，众多知名媒体对本次活动的举办进行了报道，全面展示了多米尼加的旅游资源和发展优势	• 在蓬塔卡纳市和圣多明各市分别举办了两场商务洽谈和投资对接会。携程、凯撒等6家中国最具代表性的旅游企业分别与以蓬塔卡纳最大的运营开发企业Cap CANA集团为代表的22家旅游企业进行了180轮次的配对洽谈 • 首钢基金、棕榈投资等6家投资机构也围绕蓬塔卡纳的8个投资项目进行了洽谈，中多双方机构共达成洽谈220轮次 • 在圣多明各市举办旅游商务洽谈会。来自中国的6家旅游企业和6家投资基金公司与多米尼加39家旅游企业和13个重点项目进行了312个轮次的洽谈
2019.11	撒马尔罕（乌兹别克斯坦）	"一带一路"旅游合作与发展	国家旅游发展委员会副主席、上合组织副秘书长以及来自10个国家和地区的城市代表、旅游企业代表、投资机构及媒体代表共200余人参会。众多知名媒体对此次论坛进行了全面报道	• 举办主题论坛："中国出境游市场与旅游合作""旅游投资与区域发展" • 举办"中国出境游市场与打造中亚地区旅游目的地"专题培训 • 举办旅游交易会、投资洽谈会。来自中国的国旅、凯撒、众信、携程等多家旅游企业以及棕榈投资、华夏国智、途锐资本、首长国际等投资企业，与当地的旅行社、酒店、项目企业等进行300余次配对式商务洽谈 • 帮助解决中亚地区旅游发展中亟待解决的重大问题，加强"一带一路"相关国家及旅游城市之间的互动交流，因地制宜为中亚地区提供可借鉴的旅游发展模式

资料来源：世界旅游城市联合会官网。

世界旅游城市联合会在历届香山旅游峰会主题的选择上，突出了城市与旅游的联系。对发展城市旅游和建设旅游城市都表达了自己的观点和思路（见表3-8）。

表 3 - 8　　　　　　　　　历届香山旅游峰会主题

年份	地点	主题
2012	北京（中国）	旅游让城市生活更美好
2013	北京（中国）	旅游：可持续发展新引擎
2014	北京（中国）	世界旅游城市：市场与合作
2015	拉巴特、菲斯（摩洛哥）	多元化与旅游城市发展
2016	重庆（中国）	共享经济与世界旅游城市发展
2017	洛杉矶（美国）	全球化与世界旅游城市发展
2018	青岛（中国）	把握发展趋势，提升城市品牌
2019	赫尔辛基（芬兰）	智慧旅游：城市创新与发展之路
2020	北京（中国）	重启旅游 再创繁荣
2021	北京（中国）	振兴世界旅游 共创美好未来

资料来源：世界旅游城市联合会官网。

五、国际山地旅游联盟（IMTA）

国际山地旅游联盟由世界主要山地国家和地区的民间旅游机构、团体、企业自愿组成。联盟由中国贵州省发起，总部和秘书处设在贵州省贵阳市，官方语言为中文和英文。国际山地旅游联盟由来自五大洲 31 个国家和地区的 181 个团体及个人共同发起成立。其中境外机构 71 家，境内机构 101 家和 9 名个人。团体会员包括世界山地旅游国家和地区的旅游机构、非营利组织、涉旅企业、与旅游相关的咨询机构、旅游专业院校、航空公司、旅游装备制造企业、涉旅户外运动组织以及其他相关业态。个人会员为从事与山地旅游及相关业务的专家、学者和企业家。

六、亚太旅游协会（PATA）

太平洋亚洲旅游协会于 1951 年成立，原名为太平洋地区旅游协会，1986 年起改用现名。该协会是地区性的非政府间国际组织，具有广泛代表性和影响力，在整个亚太地区及世界的旅游开发、宣传、培训与合作等多方面发挥着重要作用。太平洋亚洲旅游协会总部位于泰国曼谷，在北京设有办事处，另一处办事处设在澳大利亚悉尼。

中国于 1993 年加入 PATA。自 2010 年以来，PATA 举办的 34 场全球活动中，有16场在中国举办，占比达47%（见表3-9）。

表3-9　　　　　　　　PATA在中国举办的相关活动

序号	时间	相关活动事件	地点
1	2010年9月14日—2010年9月17日	2010年PATA旅游交易会	中国·澳门
2	2011年10月26日—2011年10月28日	第五届联合国世界旅游组织/亚太旅游协会旅游趋势与展望国际论坛	中国·桂林
3	2011年12月16日	中国旅游社会责任论坛，PATA中国分会成立仪式	中国·北京
4	2012年4月15日—2012年4月17日	第十届Routes亚洲航线发展论坛	中国·成都
5	2012年11月16日	第二届中国旅游社会责任论坛暨中国—东盟旅游发展研讨会	中国·上海
6	2013年9月15日—2013年9月17日	2013PATA旅游交易会	中国·成都
7	2013年10月21日—2013年10月23日	第七届联合国世界旅游组织/亚太旅游协会旅游趋势与展望国际论坛	中国·桂林
8	2013年9月11日—2013年9月13日	第三届中国旅游社会责任论坛暨中国—东盟旅游发展研讨会	中国·九寨沟
9	2014年5月16日—2014年5月18日	PATA执行理事会、理事会会议及2014年度会员大会	中国·珠海
10	2015年4月23日—2015年4月26日	亚太旅游协会（PATA）2015年会	中国·乐山
11	2016年9月23日	亚太旅行商大会暨峨眉高峰论坛	中国·乐山
12	2017年4月1日—2017年4月4日	2017PATA探险旅游大会及交易会暨河南洛阳探险旅游与装备博览会	中国·洛阳
13	2017年9月13日—2017年9月15日	2017年PATA旅游交易会	中国·澳门
14	2018年10月25日—2018年10月27日	第十二届世界旅游组织/亚太旅游协会旅游趋势与展望论坛	中国·桂林
15	2021年9月25日—2021年9月25日	2021年线上世界乡村旅游可持续发展论坛	中国·湖州
16	2021年9月2日—2021年9月5日	2021年PATA线上旅游交易会暨四川国际旅游交易博览会	中国·乐山

七、世界旅行社协会联合会（UFTAA）

世界旅行社协会联合会是最大的民间国际旅游组织之一。其是由1919年在巴黎成立的欧洲旅行社和 1964 年在纽约成立的美洲旅行社于 1966 年 10 月合并而成。总部即秘书处设在比利时的布鲁塞尔。中国旅行社协会于 1995 年正式加入该组织，现为理事会成员。

其宗旨是对国家级的旅游协会及其他旅游局、旅行社联合会或旅游联盟，给予职业上的指导和技术上的援助，尽一切努力联合、巩固和发展这些组织，团结和加强各国全国性旅行社协会和组织，协助解决会员在专业问题上可能发生的纠纷，等等。联合会的组织机构包括全体大会、理事会、执行委员会和总秘书处，主要活动为每年一次的世界旅行代理商大会。

八、世界旅行社协会（WATA）

世界旅行社协会创建于 1949 年，是一个国际性的旅游组织，总部在瑞士。据世界旅行社协会官网统计，该协会由 237 家旅行社组成，其中半数以上为私营企业，分布在 86 个国家的 208 个城市中。该协会设执行委员会，有 9 名委员，总部设在瑞士日内瓦，并设常务秘书处管理协会的行政事务。该协会每两年举行一次大会。协会把世界分为 15 个区，各区每年举行一次会员会议，研究本区旅游业务中的问题。

九、国际航空运输协会（IATA）

国际航空运输协会是一个由世界各国航空公司所组成的在全世界最有影响力的航空运输组织，是非政府、非营利性的国际航空公司的行业协会。据国际航空运输协会官网统计，目前，该协会在全世界近 100 个国家设有办事处，280 家会员航空公司遍及全世界 180 多个国家，1978 年 10 月中国航空协会成为该协会的正式会员，其后，中国东方航空，中国南方航空，海南航空等航司也成为该协会成员。

官方语言为英语、法语、西班牙语、中文和阿拉伯语。国际航空协会 7 个地区办事处为：北美地区办事处（美国华盛顿），南美地区办事处（智利圣地亚哥），欧洲地区办事处（比利时布鲁塞尔），非洲地区办事处（瑞士日内瓦），中东地区办事处（约旦安曼）和亚太地区办事处（新加坡），北亚地区办事处（中国北京）。

十、国际民用航空组织（ICAO）

国际民用航空组织成立于1947年4月4日，同年5月，成为联合国的一个专门机构，总部设在加拿大的蒙特利尔。国际民航组织由大会、理事会和秘书处三级框架组成。最高权力机构是全体大会，大会每三年举行一次，决定政策。常设机构是理事会，由每次大会选举的30个国家组成，常设执行机构是秘书处，由秘书长负责日常事务。我国于1974年2月15日正式加入，在同年的大会上被选为理事。2013年9月28日，中国在加拿大蒙特利尔召开的国际民航组织第38届大会上再次当选为一类理事国。

十一、国际南极旅游组织协会（IAATO）

国际南极旅游组织协会自成立以来，已有超过100位成员（由来自阿根廷、澳大利亚、比利时、加拿大、智利、法国、德国、意大利、日本、荷兰、新西兰、挪威、中国、俄罗斯、南非、瑞典、瑞士、英国和美国等100多个公司和组织组成）。截至2022年4月，IAATO共有成员103个，中国成员有5名（见表3-10），类型皆为旅行社/旅游公司，在同类型中占比约为28%。

表3-10　　　　　　　　　中国的 IAATO 成员

序号	公司名称	类别	公司简介
1	成都悦游有限公司	旅行社/旅游公司	悦行者国际旅行社有限公司于2013年在中国成都成立，专注于高端定制出境旅游市场。产品范围分为5大类：极地探险家、非洲野生动物园、摄影特色之旅、家庭探险和定制之旅。2014年，凭借组织50余人赴南极的优异表现，悦已成为西南地区独立繁荣南极业务的最佳旅行社。此外，南极业务发展迅速，南极空游班次超过3个，南极团1个，总数近70个
2	广州极至国际旅行社有限公司	旅行社/旅游公司	广州极至国际旅行社由一群具有丰富南极和北极旅游经验的极地旅游专家创立。2007年，我们在中国组织了第一次南极和北极之旅。自2006年以来，我们与IAATO成员合作，组织了50多个团队参观了南极、北极、北极等极地地区。此外，极至专门从事自驾游和其他冒险活动。我们成功地组织了许多项目，如非洲野生动物园、美国自驾游、加拿大摄影之旅和世界各地的豪华旅游

序号	公司名称	类别	公司简介
3	同程国际旅行社有限公司	旅行社/旅游公司	同程国际旅行社成立于 2004 年，是中国领先的在线旅行社之一。自 2015 年以来，同程与众多 IAATO 成员合作，持续开展极地包租相关业务，成功组织多个大型中国旅游团赴南极考察，接待客人 1000 余人次，满意度达 95% 以上。同时，同程作为负责任的极地旅游运营商，不断向中国游客宣传环境和野生动物保护知识
4	Tripolers 极之美	旅行社/旅游公司	Tripolers 是隶属于北京行知探索有限公司的高端极地旅游品牌，是中国第一家专注于北极和南极旅游的专业机构。以"成为极地旅行专家"为目标，Tripolers 致力于为客户提供专业的极地探险和旅行服务。Tripolers 创造了中国极地探险旅行的新纪录。在成立的第一年，Tripolers 成功营销了四次极地探险，其中三次到达了北极和南极。作为北京行知探索有限公司旗下的高端极地旅游品牌，Tripolers 已成为中国极地旅游的领军品牌。自 2008 年以来，Tripolers 已成功提供十余次极地探险活动，800 余名极地爱好者抵达极地，300 余人抵达南北极。我们将为您提供最安全、最可靠、最舒适的旅行
5	北京船客国际旅行社有限公司	旅行社/旅游公司	NeWayer 在中国领先的豪华邮轮公司之一拥有超过 10 年的极地旅行和豪华邮轮旅行经验。我们有超过 3000 名客户与我们一起前往南极和北极

资料来源：IAATO 官方网站，https：//iaato. org/who－we－are/member－directory/。

第四节　发展环境和趋势研判

对旅游国际话语权建设面临的环境和发展趋势可以做如下概括。

第一，更严峻复杂的发展环境。未来将面临强势西方文化的进一步压迫和侵蚀，话语遏制现象会更加频繁。一方面，国际旅游话语环境变得更加复杂而多元，各种文化间互动频繁，文化间的矛盾和冲突加剧；另一方面，强势的西方文化不会放弃，也不会弱化推行文化霸权主义和文化殖民主义的既定方针，将面临更多的话语遏制举措。特别是或多或少存在的跨文化交流不平等性，使我国的旅游交流活动及影响力的发挥受西方的牵制，更需要我国掌握话语权的主动。西方通过文化话语权影响着中国在世界的形象。同时，西方国家对于我国谋求更多话语权的行为也保持着警惕，利用各种方式、手段，竭力阻止我国话语权的增强。

第二，中短期严峻，中长期乐观。在中短期，西方会在话语权上投入更多，使我面临更加严峻的环境，但是随着我国国力持续增强，话语权也会稳步增强。此消彼长之际，形势在长期内将趋于乐观。

第三，话语权的系统性成长要求将更为突出。这要落在高质量上。要求是整体没有短板，战略部分有突出优势。具体表现为话语内容质量高、话语传播方式更有效、舆论性话语权和制度性话语权能够高效转换。拥有影响议题设定和评判标准的强能力。通过意见表达和提供理念影响甚至主导国际规则的制定。

系统提升旅游国际话语权的重要支撑是各类重要国际合作机制。通过积极参与和建设性发挥作用，我国已经在重要的国际合作机制中取得了相当程度的旅游国际话语权，在议题设置、人员参与、成果产出等方面都有表现。

目前，如何更好地应对新冠肺炎疫情的影响，推动世界旅游业的复苏等议题，不仅是国际社会关注的焦点，也与旅游国际话语权紧密相关。在这个关键时刻，更需要抓住时机，贡献中国智慧，发出中国声音，提供中国方案。

以2020年10月召开的二十国集团（G20）旅游部长视频会议为例，分析在重要的国际合作机制中提升旅游国际话语权的时机和可能路径。在这次会议上，围绕旅游业疫后复苏和发展进行深入研讨，会议通过的《二十国集团旅游部长会议公报》承诺，将共同应对新冠肺炎疫情挑战，在后疫情时代推动旅游业复苏；将旅游业对包容性和可持续发展的贡献最大化；促进安全和无缝旅游，进一步改善游客体验。

该会议是在国际旅游遭受重大损失，面临的发展形势不容乐观的背景下召开的。旅游是与人密切相关的活动，每一个环节都是有可能触发危机的风险点，特别跨境旅游活动，仅靠某个国家或地区难以有效保障足够的安全。人们越来越深刻地认识到，任何目的地和客源地在疫情冲击下都难以独善其身，因此，更紧密的交流与合作成为全球旅游业共识。

二十国集团涵盖世界各地区主要发达经济体和新兴市场，不仅拥有占优势的人口规模，还占据全球九成以上的国内生产总值和八成以上的贸易额。二十国集团成员国既是重要的旅游目的地，又是不可忽视的旅游客源地，在旅游人数、旅游收入、创造就业岗位能力和产业创新能力等方面具有重大影响。鉴于旅游发展的重要性和在就业创业减贫上发挥的突出作用，二十国集团专门构建了旅游部长会议机制，为成员国间加强旅游交流合作提供了重要平台。自 2010 年首届部长会议召开以来，旅游部长会议成员间在旅游便利化、营商环境优化、人力资源培训等重要领域的旅游交往合作日益密切频繁，为世界旅游业发展提供了新的动力。

二十国集团旅游部长会议强调旅游业在疫后复苏以及经济发展中的重要地位，将为世界旅游业发展注入更多信心。会议成果强化了成员间的相互沟通和政策协调，为突出和发挥旅游业包容性、可持续性和韧性强的特征提供了更好的政策协调前提。

新冠肺炎疫情防控和产业复苏是二十国集团成员国经验借鉴的重要方面。包括二十国集团成员国在内的世界各国、各地区处于防控疫情的不同阶段，在疫情防控和产业扶持等方面有各自的经验。当前，我国国内旅游已经在常态化疫情防控下全面复业，产业服务和市场复苏持续向好发展。

我国正在推动形成以国内大循环为主体、国内国际双循环相互促进的新发展格局。新发展格局将为各国做好防控疫情和产业复苏提供更多有益经验，也将形成更广阔的旅游市场和更多的发展机遇，为世界旅游业发展注入新动能。在这个过程中，不仅中国积累的经验为世界所关注，中国也需要更多了解相关方的应对做法。事实上，经验的获取积累和适时评估交流是未来长期、常态化的工作。当前旅游业面临的形势与过往迥然有别，疫后旅游市场也会发生重大变化，健康和安全等方面的诉求会更强烈，跨境合作的复杂性更加突出。例如，如何在确保疫情防控需求的情况下提升游客的旅游体验、如何在安全或健康程序增加与设备人员加配的情况下缩减成本支出等问题需要密切关注。在未来相当长一段时间内，全球范围内的商业模式重构和供应链重塑已经成为大概率事件，在商业模式重构上，包括疾病、疫情在内的突发事件控制和应对将成为未来需要关注的重点，不仅有更多的公共监管要求，也会有更多的资源和市场主体进入，更有竞争力、更安全的商业模式会逐渐出现迭代。在供应链重塑上，包括 5G、4K、IoT、虚拟现实和区块链在内的适用技术会加速进入，在推动酒店、旅游服务等细分行业自动化、智能化和无接触改造的同时，在成本约束和个性化需求等方面产生更优化的解决方案。以上新趋势都需要世界各国或地区在包括二十国集团旅游部长会议等机制框架下进行更紧密频繁的交流与合作，积极推动机制成果落地，在更好发挥政府等公共部门作用、统筹协调有效资源、优化旅游业营商环境、发挥企业等私营部门积极性、提升人力资源支撑效能等方面有所作为，这无疑呼唤着中国旅游业贡献中国智慧，发出中国声音。为我国高质量构建旅游国际话语权提供了难得的时间窗口，并且在国际社会关注的关键领域有所作为。

第四章
旅游国际话语权高质量构建的界定

第一节 对旅游国际话语权高质量构建的认识

旅游国际话语权是用非强制方式运用任何可以利用的资源争取其他国家、地区、国际组织、企业等相关方在旅游领域对观点、立场、行动等方面资源理解、认同或合作的能力。这种能力通常表现为对相关方的吸引力、同化力、感召力和动员力。

旅游国际话语权的主体包含国家之间以及国家行为体与非国家行为体。内容包含国家之间在国际舆论影响力、国际议程设置权、国际制度制定权和解释权、国际理念贡献力等。实质是主权国家以自身利益出发，以旅游领域的实力为依托，通过语言和文字等话语工具应用于国际社会中体现出来。通过共享价值观和意识形态，在国际社会中发挥动员、议程设置、规划塑造、规则制定和实施的影响力，同时拥有是非曲直的评议权、裁判权，形成相应的规则和制度，推动人类命运共同体发展。

借鉴已有研究成果的划分方法，高质量的旅游国际话语权主要体现在以下几个方面：

第一，高质量的话语性话语权。是指旅游领域概念、逻辑、价值观、意识形态等对外传播与分享的强大能力和影响力。高质量的话语传播可以产生持久的力量，不仅使受众愿意听、听得懂，还能得到广泛认同。高质量的话语性话语权往往需要话语主体有很强的话语创新能力、发达的传播平台和媒介。1955 年，周恩来在第一次亚非会议上提出"求同存异"原则，引起与会者的强烈共鸣，并直接促成万隆会议的成功，就是一个成功范例。

第二，高质量的结构性话语权。这是以国家旅游领域实力为基础而建构起来的话语权。不可否认，实力与话语权存在着正相关性，"有实力，说话就有人听"。中国出境旅游市场的快速成长和巨大规模，使得国际社会对中国旅游业的发展给予厚望，也更加愿意采取交流合作的积极方式。高质量的文化和旅游结构性话语权也要求这种实力传递是高质量的，不仅追求话语权与实力匹配，充分发挥实力的支撑作用，也追求话语权的更快成长，甚至在某种情况下超过自身实力，并且通过话语权的强大来获取更多利益和支持，从而推动实力的进一步提升。

第三，高质量的制度性话语权。这是以代表国家的旅游行为主体在利用话语平台进行理念传播的基础上，通过积极发挥在倡议动员、议程设置、规范塑造、规则制定、规则实施等方面的主导权和影响力逐渐形成的以制度形式固化的话语权，它通过制度化形式能够对国际文化和旅游事务产生长期影响，而且国际社会对这种话语权的接受度比较高。此种类型的高质量话语权，不仅有重点领域的突破和牵引，也有着系统全面的部署和设置。单点有支撑，整体有网络，环环相连，互为支撑。一旦形成，就意味着格局框架的落定，将产生持续广泛的影响。建立起来不容易，形成后的影响力、稳定性也很可观，也更不容易受到颠覆性的冲击和破坏。

第四，高质量的道义性话语权。这是建立在追求公平性、正义性和正当性基础上的话语权，重点是所谓的"公理"和"正义"。解决的是"师出是否有名"和"人心是否依归"的问题。例如，发展旅游业为了什么？文化交往的目的何在？对这些问题的高质量回答，有利于回击一些西方国家打着"民主、自由、人权、平等"的招牌和"普世价值"的旗号干预发展中国家内政的恶行，也决定了能否聚人心和树旗帜，将朋友弄得多多的，将敌人弄得少少的。

第二节　旅游国际话语权高质量构建的意义

作为国家话语权在国际社会中的延伸，旅游国际话语权与国家利益的实现和维护密切相关。旅游领域话语主体的话语影响力、传播力、实效力都意味着权力。当前旅游话语权已成为国际博弈的重要组成部分。是否拥有较高的旅游国际话语权不仅关系到国家在这些领域是否获得优势地位和主动权，还越来越多地关系到参与处理全球事务中能否获得优势地位和主动权。这是由于旅游在促进相互交往和理解、增进经济利益联系等方面往往发挥不可或缺的重要作用。在中国致力于构建人类命运共同体的新时代，旅游国际话语权的重要性就表现得更加明显。

新时代准确表达、深刻阐释我国旅游发展所表现出的生机和活力，是新时代的使命，也是未来奋斗的目标。在新时代，中国为解决人类问题贡献的中国智慧和中国方案，也需要创造性构建国际话语去阐释和表达，去宣传、介绍和推广。旅游本身就是话语权的表现形式，也是重要且不可或缺的内容。在中国发展的过程中，不可避免地招致猜忌误解曲解，甚至是恶意中伤与遏制，更需要创造性地依托旅游的独有优势，规避西方话语陷阱，讲好中国故事，不断充实构建国际话语权的实践感召力，积极创新国际话语，凝聚构建人类命运共同体的全球共识、汇聚全球力量。

第三节　旅游国际话语权高质量构建面临的问题

当前旅游国际话语权的主动权还是更多的掌握在西方发达国家手中，呈现出"西强东弱"的特点。概括起来，主要有三个方面：一是国际议题形成能力和中国故事传播能力有待提高。二是我国话语语境体系的构建及话语创新能力需形成传播势能，以抵挡来自西方国家的话语霸权压力。三是需要进一步完善我国旅游国际合作的中长期发展战略。我国在扩大国际话语权时遇到来自外部环境的重重阻碍，刻意维护体现自身利益的国际规则体系，阻止中国书写全球规则；利用本国意识形态渗透、话语霸权主义、传播平台和媒体资源优势，控制话语权流向，压制中国话语权，制约中国国际话语权的提升，同时，也给我国获得周边国家和发展中国家支持设置障碍。

我国旅游国际话语权的突出需求是：

第一，需要不断提高国际旅游事务参与能力。旅游国际话语权的重要表现是如何全面提升国际事务的参与能力。我国已签署了诸多备忘录或旅游合作协议，但合作往往仅限于协议本身，地区、产业与人才等领域的合作还需要得到具体落实。如 ADS 是我国与目的地国家与地区建立的普遍性合作机制，但对于纳入 ADS 的国家或地区，只与欧盟之间进行了定期的系统评估和改进，大部分目的地的评估完善还有待提上日程，凭借 ADS 评估产生的话语权与主导权尚未体现。"丝绸之路"上有四个中亚国家没有纳入 ADS 框架，还需不断扩大参与机会。在纳入 ADS 的国家或地区中，只系统评估和改进了澳大利亚和欧盟的 ADS，大部分目的地的评估完善还没有提上日程，需提高国际合作的优化能力。

第二，需不断提高主动设置话题的能力。话题设置是维护国家利益，影响国际舆论、树立国家形象的重要手段。欧美发达国家对此拥有传统优势，往往主动出击，先发制人。而我国主动设置能力还有待提高，方能从容应对符合中国利益并值得全球关注的旅游话题。面对欧债危机、碳排放税风波和南海争端等突发事件，以及评估我国旅游发展与它们的相互影响时，应厘清旅游国际合作与外交利益的关系，形成针对性强、有影响力的旅游全球对策。使中国在争夺国际话语权的竞争中能够发挥主导作用。

第三，需要进一步完善旅游国际合作的中长期发展战略。作为增长最快的出境市场，中国极大地促进了目的地的旅游经济增长。中国游客在澳大利亚、新加坡、日本和韩国的消费均居首位，在美国、英国、法国等国家也居于领先地位。旅游市场地位的迅速增强是国际博弈中可以利用的积极因素，应不断完善长远战略和应急预案，使战略构思清晰，能反应速度和有效处理旅游国际合作中的国际事务。

第四，需要提升具体话语表现方式的效果。由于传播者的素质有待提高，人才间跨领域相关性交流的融合度也有待提高。还存在市场主体和专业发展不足，国际传播平台单一化问题。除官方机构外，应充分调动民间媒体和个人自媒体传播中国故事和中国文化的主动性。加强专业团队对外宣材料、译介产品的内容开发和中国文化故事演绎的创新。优化升级自身文化和旅游领域产业发展，提升国际形象和国际竞争力，形成具有国际影响力的品牌。

| 第五章 |

机制制约和优化方向研究

第一节　机制制约和突出问题

要高质量构建旅游国际话语权，就需要解决机制约束问题，可以入境旅游为例加以分析。入境旅游是旅游国际交流合作的重要组成部分，也是高质量构建旅游国际话语权的关键领域。这是因为，更多的入境游客，意味着更多的开放受众；更有口碑的入境旅游服务，意味着更有效的宣介效果；更有活力的入境旅游产业体系，意味着更可持续的宣介动力。因此，入境旅游要算经济账，更要算外交和外宣账。亿万游客入境旅游的过程，就是世界重新认识中国的过程。入境旅游融通中外，以理服人、以情动人，天然整合经济、人文、情感等多重因素为一体，通过将中国生活、中国经验、中国智慧和中国方案生动呈现在上亿旅游者眼前，易理解、有温度、可借鉴的中国人民的真实生活触手可及。通过旅游，让境外人士了解到，在这里有"望得见山、看得见水、记得住乡愁"的美丽中国，有致力于新时代中国特色社会主义事业发展的进步中国，有中国人民不懈奋斗、努力拼搏的圆梦中国，更有展现中国共产党治国理政成就的幸福中国。为提升此领域的旅游国际话语权，文化和旅游部门以及外宣、外交、公安、民航、移民、口岸、税务等部门都出台了不少政策，但政策衔接以及落地措施还有待完善，宏观环境支撑力度不足。

在旅游外宣工作的主题选取上，从20世纪90年代开始，每年一个主题。从1992年的"友好观光游"到2018年的"美丽中国——2018全域旅游年"，更多是产品层面的更新，无法形成固定认知的国家旅游形象。2013年之后，国家旅游局统一使用"美丽中国"（Beautiful China）统领国家旅游形象，2017年提出"超乎想象的中国"（China-Beyond Your Imagination），但是都没有对其做出系统分析与宣传策略的固化，很难形成有影响力的话语体系。

另外，入境旅游发展涉及多个部委，协调难度很大，做好工作很不容易。就签证方面来讲。2013 年以来，在北京等 18 个城市陆续实施对 53 个国家人员实行 144/72 小时过境免签政策。在海南省、珠三角、黑龙江等地也有针对特定区域的免签或落地签证安排。但是 2018 年由此入境的外国人仅为 10.1 万人次，占入境外国游客的比例不足 1%。赴中国旅游的外国游客，在申请旅游签证（L 类签证）时，还需支付不菲的签证总体费用（含签证费和签证中心服务费）。一般情况是签证费较低，费用主体是签证服务费，约占境外游客在华人均消费的 5%，抑制了相当部分对价格敏感的潜在客源。而且，总体上免签与落地签证所涉及的国家与地区数量明显少于美国、英国、泰国、日本和韩国等入境旅游发达国家。

部门间的工作衔接与政策配合也是大问题，相互掣肘不时发生。总体签证政策和入出境口岸政策对接的不顺畅的现象也较为普遍。如访问北京的印度游客如果希望利用较为便利的口岸团体签证，就只能在上海办理口岸手续，无法在北京直接办理，包含签证、口岸在内的"一揽子"便利化无从谈起。有时旅游部门或企业为宣介入境旅游投入大量资源，恰逢举办重大会议或活动，移民部门往往将入境签证大幅收紧，前期的宣传促销经费打了水漂。

比如，民航局的主要业务在国际业务推广，在文化和旅游融合进程中，民航发挥着重要作用，可为空间大。梳理中国民用航空局旅游对外推广相关部门及其业务开展情况（见表 5 - 1），包括综合司、政策规划司、国际司等 8 个部门与文化和旅游融合对外推广工作有关，但对于文化旅游对外推广等工作直接职责管力度较小，通过分析其职能关键词，可以发现"国际""组织""合作""行业""平台""协调"等词频率较高，但是针对文化旅游对外推广等工作的内容较少，信息量少。

表 5 – 1　　　　　中国民用航空局旅游对外推广相关部门及其业务开展

序号	相关部门	有关职责	文化和旅游融合对外推广可开展的有关业务
1	综合司	（1）组织民航局新闻发布工作 （2）承担民航局对外联系和接待工作	组织文化旅游对外推广的相关新闻发布会，积极加强与其他国家和地区的航班航线联系与合作
2	政策规划司	（1）组织协调民航行业发展方针政策和重大问题的研究，提出民航行业发展的政策建议，组织起草民航行业发展综合政策 （2）负责民航行业立法的相关工作，组织起草民航行业法律、法规和规章立改废草案 （3）负责国际民航法律事务，组织参加国际民航法律会议，组织研究、谈判、签订和向国家报批国际民航公约、条约及协定，开展对外法律交流 （4）负责与世界贸易组织有关的民航政府机构的工作	起草民航局对文化旅游推广的相关政策，明确民航局在文旅推广中的重要地位和作用 制定民航局推广文旅相关的管理办法与法律条文，积极参与国际事务，与国际民航法律事务对接
3	国际司 （港澳台办公室）	（1）起草发展国际民航关系的方针政策 （2）协调我国与国际组织在民航领域内的多边关系和合作事务，组织参加国际民航组织的多边会议和活动，协调和推动有关国际组织的决议、标准或建议措施的落实 （3）承办政府间对外航空谈判、签订航空运输协定、协议及相关事务，并监督实施 （4）指导和管理我国驻国际民航组织理事会代表处的工作 （5）归口管理局机关和直属单位的外事工作。协调民航局重大外事活动，承办局领导外事会见及出访活动。管理民航局与外国民航当局及有关机构间的合作交流项目 （6）承办境外航空运输企业常驻机构的审批工作，承办外国临时来华和常驻人员签证审批工作 （7）归口管理民航涉港澳台合作与交流事务，研究、协调和处理涉港澳台民航重大问题 （8）承办局领导交办的其他事项	继续加强港澳台航空、航班航线、适航等方面的合作，构建航空旅行一体化认证机制 提升与国外相关航空机构的联动协同能力，尤其是对常态化国家出入境旅游者的签证便利化工作的落实
4	机场司	（1）起草民用机场（包括军民合用机场民用部分，下同）建设、安全、运营管理的相关法规、规章、政策、标准和定额，并监督执行 （2）负责民航招投标管理（机电产品国际招投标、政府采购招投标管理除外）和民航专业工程质量监督管理	加强国内相关机场与国外相关机场的联动协作机制，简化相互适航工作的审批手续，加强旅客往来、商贸交往、人文交流等合作

序号	相关部门	有关职责	文化和旅游融合对外推广可开展的有关业务
5	发展计划司	（1）参与国家经济和社会、综合交通、铁路、公路、水运、特定区域、服务贸易、土地利用、环境保护、边境区域合作等发展规划的制定，并对城市、行业或地区发展规划提出意见 （2）负责民航利用外资和境外投资管理工作，审核和核准民航中外合资、合作经营企业项目 （3）负责民航行业统计和统计信息的分析、发布工作	有效利用现有得到国内外航空领域的合作战略机制，加强在相关国家的文旅境外推广工作建立健全民航业信息共享机制，旅客互送，互为旅游目的地的机制
6	运输司	（1）审核并落实国际民航组织等国际、地区性组织有关国际航空运输的决议、标准或建议措施 （2）负责航空口岸开放相关工作 （3）落实政府双边航空运输协定，组织国际航线评审 （4）负责拟订并实施内地与港澳台地区航空运输安排	运输司文化和旅游融合对外推广可开展的有关业务：负责管理民航消费者投诉工作等
7	国际合作服务中心	中国民航对外合作平台：中国民航为推动对外合作交流，分别设立了中国民航对中亚合作平台、中国民航对非合作平台、中国—东盟民航合作平台等机制。中心作为上述平台的中方秘书处，配合民航局国际司工作，做好平台有关项目实施。中欧民航合作项目：中欧民航合作项目（EU-China APP）旨在进一步加强中欧民航全面合作。双方本着互利共赢的原则，在航空器适航审定、空中交通管理、航空安全、航空安保、通用航空、航空节能减排、民航经济管理、民航立法与执法等方面开展合作，并紧密结合技术合作和政策对话，从而加强双方在民航领域的经济伙伴关系。欧洲航空安全局（EASA）为项目提供专业的欧洲航空技术支持，中国民用航空局负责协调中方相关单位	2004年，中国民用航空局与美国联邦航空局、贸易发展署、运输安保局等美政府部门以及波音、通用、霍尼韦尔、美联航等40余家美航空技术和运输企业共同启动了中美航空合作项目（ACP），在民航技术、政策、管理与人员培训等各领域开展合作
8	中国驻国际民航组织代表处	（1）在国际民航组织的各项活动中维护我国国家利益和民航利益 （2）加强我国在国际民航组织的话语权，参与国际规则、国际民航政策、标准和指导材料的制定，促进全球民用航空运输的安全、有序、可持续发展 （3）参与国际民航组织的治理和监督 （4）促进我国与国际民航组织、各成员国以及世界各地区民航组织开展双边和多边的交流与合作 （5）促进我国相关领域专家、技术人员和企业参与国际民航组织标准制定、能力建设和技术援助活动 （6）国际民航事务调研 （7）协助管理中国民航派遣到国际民航组织借调工作人员 （8）紧密联系国际民航组织中国籍职员	加强我国驻外机构的话语权

资料来源：官网（http://www.caac.gov.cn/index.html）信息收集。

第二节　优化方向的探索

一、支撑文化和旅游国际话语权高质量构建的动力生成机制分析

在高质量构建过程中，需要发挥文旅融合理论的支撑作用，特别是文化和旅游融合与国际话语权提升的相互关系和基本作用机制（见图 5-1）。

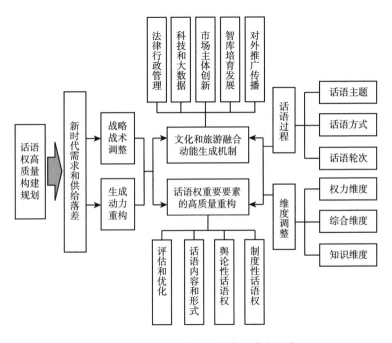

图 5-1　文旅融合理论支撑和动力生成

通过对新时代文化和旅游国际话语权需求和供给之间落差的分析，明确话语战略及战术调整的方向，推动话语生成的动力重构。话语权重要因素的高质量重构包含四个组成部分：其一，是话语内容和形式的高质量重构。话语内容是本领域所关注的与国家利益相关或所承担的国际责任义务相关的观点和立场，往往是由国家实力及其在处理国际事务中的地位和拥有的影响所决定。包含国家之间在国际舆论影响力、国际议程设置权、国际制度制定权和解释权、国际理念贡献力等。实质是主权国家以自身利益出发，以文化和

旅游领域的实力为依托，通过多元化的话语工具并在国际交往中体现出来。高质量重构意味着更加紧密的服从和更加有效地服务于国家战略。话语形式是指话语凭借何种载体或渠道被表达，采用何种方式表达，从而有效实现话语施行者的权利。主要形式有：一是公众媒介，如传播媒体、互联网和出版物，如电视、报纸、杂志、书籍和网络等；二是国际组织和非政府组织的活动或会议；三是官方对外交流、合作和援助计划；四是民间对外交流，就旅游领域而言，内容和形式涉及的领域都很广泛，也有着很大的挖掘潜力。其二，是舆论性话语权的高质量重构。舆论性话语权，是就话语内容的吸引力、影响力和感召力而言的，旅游领域的相关主体通过行业、外交、媒体传播、民间交流等渠道，将蕴含一定文化理念、价值观念等因素的话语传播到国际社会，并得到其他国家和民众的接受和认同。其三，是制度性话语权的高质量重构。一国通过在全球性或地区性的重要组织或国际制度安排中拥有的影响力而获得的话语权就是制度性话语权。国际制度是"持续作用而相互关联的规则集合（正式或非正式的），它们规定行为的角色，限制行动，塑造期望"。国际制度既包括国际组织规定和明示的国际协议这样的有形制度，也包括通常具有约束性的习惯做法或共识这样的无形制度。因此，制度性话语权有制度性权力和话语权力两层含义，前者为后者提供保障并将后者加以强化，从而能够对国际制度进行修订甚至重构。制度性话语权是建立在舆论性话语权基础之上的，其形成过程是使舆论性话语权所反映的诉求通过一系列机制性安排，成为国际通行规则。舆论性话语权与制度性话语权互补，舆论性话语权通过提出切合本国利益的理念，明确、清晰地表达自己的立场、观点和态度，进而掌控议程设置权和规则制定权，获取更强的制度性话语权优势。同时，制度性话语权又为舆论性话语权的获取和增强创造更顺畅的机制和适宜的发展环境。其四，是话语权产生和强化过程中的评估和优化。话语权的高质量需要有针对性评估的高质量来保障。同样，如果要持续性地提升国际话语权的产出能力和产出质量，也需要有合理的，高质量的制度安排来保障。

必须强调的是，文化和旅游融合将为高质量构建提供新的动力，需要在这个过程中通过文化和旅游的真融合、广融合和深融合生成更多元也更强劲的动力，释放更充沛的高质量构建潜能，提升参与能力和领导能力。文化和旅游融合动能生成机制需要有四个方面的支撑。一是法律和行政管理方面的支撑。在法律方面，要探讨加强与入出境、宣传传播、财政金融、工商税收、发展改革等相关领域法律法规的协调，形成相互支撑有机衔接的"一揽子"法律保障，系统推进文化和旅游融合发展。在行政管理方面，要集中研究如何推进文化和旅游融合发展的行政管理体系，为优化国际话语权环境创造条件，包括坚守意识形态和安全生产底线，加强产业促进和创新引领，注重专利技术和商业模式保护，推行规范标准等。二是文化和旅游融合发展的市场主体创新。文化和旅游融合发展最终要落到市场主体上。从体制机制角度来讲，重点是推动创新发展，形成文化和旅游融合高质量发展的市场主体，以此为文化和旅游国际话语权的高质量构建提供强大动能。包括明确文化和旅游融合发展产业政策导向，研究如何发挥政府宏观调控和微观监管作用，加强对市场主体的服务和引领，既有有为政府又有有效市场。三是科技与大数据支撑机制。在大数据的支撑下，通过科技的、实验的、商业的手段研发有助于提升国际话语权的新项目、新产品、新服务。当前与文化旅游发展关系最紧密的信息技术，在虚拟化、集群化、分布式等技术的支撑下呈现出更加复杂化网络化的形态，头部人力资本与先进技术相互纠缠放大，然后赋能初中级人力资源，将会是文化和旅游领域被科技渗透的基本路径，科技将在新时代文化和旅游国际话语权高质量构建的过程中作为内在驱动力和原发力量的组织机制，提升相关主体的技术创新能力。四是对外推广传播机制。对外文化和旅游交流是增强和彰显文化自信、提高国家文化软实力和中华文化影响力的重要渠道，高质量构建文化和旅游国际话语权的重要方面，也是文化和旅游融合发展的重要范畴。对外推广一方面要以伟大复兴的美丽中国梦为主题，展现中国国家形象，提升中国文化软实力；另一方面通过文化方面和旅游方面现有渠道和资源的整合，一级各部门和各地的力量整合，形成对外推广的合力。在文化和旅游对外推广路径上，通过专业化、精准化、服务外包以及"请进来"和"走出去"相结合等方面形成新动能。

在文化和旅游融合动能生成机制和话语权要素的高质量构建过程中，既需要从不同维度适时调整，也需要精细化设计话语过程。

按照权力和知识两个维度，可以将话语分为指令性话语、游说性话语、专业话语和日常话语。其中与国际话语权紧密相连且更容易发挥成效的是游说性话语和专业话语。这些不同话语在获取国际话语权的过程中发挥着不同的作用。"游说性话语"主要体现在凭借理由、证据等方式反复向话语接受者灌输，使之相信话语的内容，它表明话语发出者与接受者之间的权力接近于对等，利益引诱在这种话语形式中发挥着重要的作用。例如，为吸引相关方认同某种理念，可以通过各种宣介来对理念进行反复宣传甚至利益引诱。但这并非游说性话语的唯一主体，权威人士在某种情况下也可以采用此种话语形式来达到其目的。"专业话语"主要体现在专业人士和特定知识拥有方所建立的话语体系上。例如，旅游开发的标准，旅游目的地推广的规律和途径等。它们不仅在形式上迥异于日常话语，而且有些在内容上远远超出常人的理解能力。音乐、绘画、戏剧、工艺等同样带有这种特征，只不过与其他领域所建立起来的常人难以理解的话语屏障不同，这些文学艺术作品必须以常人所喜闻乐见的话语形式呈现出来。但从创作的角度而言，缺乏对日常生活的洞察力、缺乏创作的专业知识和技巧，也就很难形成具有感染力的作品，所以也可以归入"专业话语"的范畴。以这个意义观之，旅游推广主题等同样是"专业话语"。在获取并提升文化和旅游国际话语权的过程中，这些话语之间并非彼此排斥，而是通常结合在一起，从而进一步提升了话语表达的效果，需要适时配合和调整。话语形式以相应的情境为转移，也要能够充分利用经济、知识和关系等资源。

话语过程也需要摒弃粗放管理，通过精细化设计提升效能。话语过程主要建立在话语主题、话语轮次和话语方式三种要素的基础上。"话语主题"指话语交流过程所涉及的主题，一般而言，话语在一个时间点上只能围绕着一个主题进行，但可以根据时间改变。"话语轮次"则指围绕同一个主题所进行的交流回合。同一个主题可能有相当多轮次的交流，甚至成为单次话语交流的唯一主题，但也可能一个主题只进行一轮次交流。"话语方式"则指话语交流过程中所采用的话语类型和话语语气，话语类型体现在前文所区分的那些分类上，话语语气则体现在强调、疑问、感叹、反复等语调表达的选择上。因为政治和权力因素通常渗透在话语过程的主要环节。由于所有话语都是高度情境性的，情境具有"封闭性"特征。在这种情况下，通常能轻易地分辨话语参与方的主次地位。优势明显方通常可以有效地控制进入话语交流的机会、选择或者变换话语交流的主题，也占据着明显更多的谈话时间；

与之相反，处于从属地位者则很少有这些权力，相对只能占据更少发表意见的时间。此机制的核心是"情景定位"。也就是找准政治和权力线索，选择好进入话语过程时的角色。这些与自身的地位和诉求紧密相关，其中蕴含着一系列特定的特权和责任。有利的"情景定位"便于充分利用这些特权或者承担责任。在"情景定位"的基础上，形成更有利的情境安排，以此来选择话语类型，或者如何根据情境变化来调整话语语气。

二、推动高质量构建能力的系统评估

如果国际比较研究是"知彼"，那么此处的研究就是"知己"。具体有以下几个方面：第一，文化和旅游综合实力支撑评估。国际话语权以国家实力为根基，文化和旅游综合实力是其中的一部分，比如文化的国际传播能力，出境旅游市场规模等。高质量的文化和旅游国际话语权需要有强有力的文化和旅游综合实力支撑，有些本身就是话语权的重要表现。通过评估，明确文化和旅游综合实力对文化和旅游国际话语权的支撑能力和作用的重点领域。第二，话语内容质量评估和话语传播方式评估。高质量的国际话语权意味着善于设置话语议题并掌握主动权，以吸引更多关注。话语的内容质量需要能够打动人和吸引人，得到国际组织、其他国家和人民的更多认同。那么，需要评估概念创新能力、话语的逻辑性和说服力、价值观和意识形态基础的传播力以及与之相对应的人文和社会科学研究能力。高质量的国际话语权要求具备强大的话语传播能力，善于利用各种传播手段把自己的话语传播出去。通过多种渠道的传播最大限度地吸引受众，并且用世界多数国家和人民都能理解的方式进行表达，建立自己言辞的信任度，使自己的话语"有人听""听得进""入脑入心"。通过评估，明确当前文化和旅游国际话语权的内容质量和话语传播方式，重点表现和政策支撑。第三，舆论性话语权和制度性话语权转换互补评估。影响议题设定和评判标准的强能力是高质量国际话语权的突出表现，意味着信息的流向有了制度性的强力稳定保障。通过意见表达和提供理念影响甚至主导国际规则的制定，是文化和旅游国际话语权最为核心的部分。通过评估，明确当前文化和旅游国际话语权中舆论性话语权和制度性话语权的转换互补方式、作用的重点领域和政策支撑。国际话语权评估模式如图 5 - 2 所示。

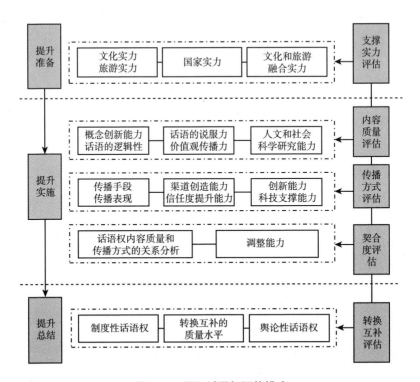

图 5 - 2 国际话语权评估模式

第六章
以人类命运共同体理念为指引夺取道德高地

第一节　优化锚定人类命运共同体理念的制度供给

2013 年习近平总书记指出，"构建人类命运共同体"的重要论述，已经成为新时代中国特色社会主义思想的重要组成部分。向世界表达了中国"以和邦国""天下为公""天下大同"的新世界主义"天下观"。构建人类命运共同体思想回答了"建设一个什么样的世界，如何建设这个世界"这一时代之问，契合了世界历史发展的要求，彰显了中国看世界、看自身的独特视角，彰显了中国智慧、中国方案和中国力量，引起国际社会热烈反响。

在旅游国际话语权高质量构建过程中，坚持、阐释、传播和强调人类命运共同体理念有利于抢占道德高地。是在为解决人类共同面临的"发展赤字、和平赤字、治理赤字"三大难题提供"中国方案"、贡献"中国智慧"，这实际上蕴含了一种不同于西方文明而注重多样性、平等性、包容性、普惠性的中华新文明。在此基础上，发挥文化和旅游的特长，通过理论创新与概念创新，努力构建起带有人类共同价值内涵的中国话语，在国际民间话语空间—国际官方话语空间和国际治理公共话语空间中持续生产有吸引力的中国故事主题和框架，提升中国话语的感染力与同化力。

树立国家战略传播的"议题管控"思维，围绕人类命运共同体理念，主动融通中外思想资源中的新世界主义话语，进行价值传播的国际战略布局，努力彰显人类命运共同体特有的价值吸引力与道义感召力。人类命运共同体理念主要以倡议的弱规则方式存在，但是这并不意味着只能考虑此种方式，高度法律化、法治化的强规则也应该是可选项。以此降低交易成本、增加作为制度供给国的利益及价值观输出的效率，提高发展合作的可预期性，支撑起人类命运共同体合作框架下长期性的、大范围的、大数量的国际文化和旅游交流与合作。

基本路径是，找准切入点，通过关系交流驱动规则构建，以规则构建丰富和稳固关系交流。例如，"一带一路"就是难得的切入点。"一带一路"本来就是人类命运共同体理念的具体体现，中国是"一带一路"的首倡国，也是沿线国家中法律机制较为健全的国家，应当借助与"一带一路"国家间的共识和情义推动基于"一带一路"规则治理的形成和完善，并在规则制定中担当倡议者、引领者的角色。习近平在第二届"一带一路"国际合作高峰论坛上明确指出，要采取一系列重大措施加强制度性、结构性安排，促进高水平的对外开放。在旅游领域制度交流和规则互动的过程中，首先要加快国内旅游领域法律法规的升级与衔接尤其是涉外法规的修订完善，提高中国国内规则转化为区域规则的能力。同时，加强与沿线国家的规则治理合作，完善协调机制，实现区域内规则的对接。

第二节　提高理念的创新阐释能力和国际动员能力

创新阐释能力的强化取决于相关主体培育成功与否。是否造就一批拥有良好运营机制，具有活力的市场主体，是否拥有一批具有全球竞争能力和影响力的智库，是提高人类命运共同体理念创新阐释能力的关键。基于此，应继续坚持创新驱动发展战略，加大投入力度培养创新型人才，通过各种激励政策等引导相关主体树立创新意识，调动他们自觉将人类命运共同体理念创新阐释的能力，将其落实在项目中和具体业务中。

也要持续提升人类命运共同理念的动员能力。将国家实力转化为国际影响力的核心路径是利益交换，通过满足其他国家的某种需要换取其认可和支持，这些需要包括安全需要、经济需要等。中国想要提升自身影响力及话语权，应当向国际社会提供更多与人类命运共同体理念相呼应的国际公共产品，给予他国好处和帮助。享受帮助的国家为更长时间、更多地享受这种待遇，会支持和认可为其提供帮助的国家。在旅游领域，需要考虑不同国家和地区的特色化需求，一国一策，有针对性、有侧重地提供具有吸引力、个性化的合作方式。例如，对某个国家提供更多参与中国出境旅游市场的可能。一般情况下，在视旅游业为支柱产业的小国，如某些岛国，这些需求是刚性需求，那么就会有更正面的反应，动员能力就相对较大。

在 APEC 旅游国际合作中，秉承互谅互让，平等相待精神，坚持非机制化原则。积极参与其旅游合作性质、方向、目标、议程和方式等问题的讨论，施加影响。升级区域内中国—东盟、中国—南太、中美、中俄、中澳、中日韩等一系列多双边旅游合作机制，积极推动"海上丝绸之路"相关经济体在旅游签证政策、购物免退税、人民币离岸金融政策等方面的政策创新，形成 APEC、海上丝绸之路经济带、亚太自贸区和次区域旅游业合作的战略协同，构建其单边行动计划与相关多双边旅游合作机制互为借鉴，互相补充的新格局。通过持续公布和实现单边行动计划向其他经济体施加政治或道义压力。强调工商咨询理事会中旅游代表存在的重要性。探索建立框架内旅游业产业对话机制的可能性。倡议各经济体借鉴我国经验，成立旅游企业联合会并与 APEC 形成信息交流和沟通机制。

第三节　在理念践行中提升国际话语权

大力推动"丝绸之路"经济带、海上"丝绸之路""一带一路"建设，加快推进双多边自贸区战略和周边互联互通项目建设。我国可主动以中国出境市场推动相关国家或地区的民间交流与市场交换。利用权威媒体、新兴媒介以及教育文化交流等渠道，启动互为对象的专项宣传，增进中外人民彼此之间的认知。充分利用"旅游年"，扩大面向民众的宣传，拉近老百姓的心理距离。消解国际社会对中国"战略扩张""霸权主义""新殖民主义""资源掠夺"的疑虑，以互利共赢的姿态，获取了相关国际组织、政府和民众的更多认同和支持。

增强 RCEP 等规则的制定权和话语权，推动形成更为公平合理的全球经济治理体系，使旅游成为多边和双边主流合作平台议题的重要选项，并积极参与其中的话题制定。将游客满意议题纳入与各 ADS 协议国家和地区的旅游磋商和各种形式的旅游合作当中，欢迎和支持与目的地国家和地区的相关机构开展联合调研，并根据调研结果，共同就行政与商业救援机制共建、服务标准体系制定进行深度对接。依托 WTA、WTCF 等平台，稳步在 UNWTO、WTTC 和 PATA 等世界主要旅游平台中发挥更重要作用。建立双边、区域政府间旅游经济联委会、混委会等平台。重点推进与东盟、欧洲、非洲、拉美和阿拉伯国家的旅游合作，争取建立中俄旅游论坛等常设合作平台，细化落实中非论坛后续委等对应平台工作。力争将旅游参与作为必要内容固化在重要国际合作的对外磋商、政策审议、要情通报和咨询义务履行中。积极构建世界旅游经济预警机制、安全预警机制和突发事件紧急处置机制，与重要客源地与目的地建立健全市场互换机制和旅游目的地满意度评估机制。优化我国中央与地方政府与相关国家或地区政府、旅游业界领袖间常态化的对话机制，加强双边或多边地方政府在人员互访、重大信息通报、安全预警、突发事件处置、服务和标准对接等方面的沟通与交流。

紧紧围绕我国外交大局，根据旅游外交工作实际需要，继续完善中美、中俄、中澳、中新、中泰、中韩、中葡等双边和中日韩、中国—中东欧、中欧、中国—南太等现有双多边工作机制，逐步建立中英、中法、中德及中国—东盟、中澳新与南太等旅游合作新机制，拓展合作内容、提升合作水平。同时，支持地方、行业组织、企业开展多层次、多渠道的对外合作，成立丝绸之路等国际旅游宣传联盟，构建全方位、立体式国际旅游合作体系。

要针对各国旅游业发展水平和与我国合作现状，确定合作重点，提高合作实效。与发展中国家合作，要以分享我发展经验，协助其开发特色旅游资源，提升旅游规划水平，扩大旅游投资规模作为合作重点；与发达国家合作，要把客源互送、人才培养、经验互鉴、企业走出去等作为重点方向。在与周边邻国合作方面，要积极开展跨境旅游合作区建设试点，推动边境旅游资源的共同开发和保护。

深化与国际旅游组织合作，充分利用国际组织的平台和资源优势，构建科学的旅游统计体系，提升中国旅游业理论研究水平。积极争取在华举办一系列有影响的旅游国际会议，展示中国旅游业发展成就，宣传中国旅游业发展理念，提升中国在全球旅游业的地位和影响。

为中国旅游海外推广搭建平台，带动我入境旅游的发展。借鉴旅游发达国家的发展经验，促进国内旅游业的转型升级。利用我客源优势，促有关国家解决我关切，改善旅游环境，提升服务水平，让中国游客获得更加便利、更加安全、更加舒心的旅游体验，使民众从旅游外交中直接受益。

要从战略高度谋划 ADS 政策升级路线图。在运作方式、信息披露、成团人数、签证办理、游程安排等方面做适当调整。重点考虑修改 ADS 框架中"团进团出"的硬性规定，将个人旅游签证、商务签证、假期工作签证等各种类型签证统一纳入 ADS 框架体系。在年度评估的基础上，尽快启动旅游主管机构的事务性磋商。中期可以考虑将 ADS 构建成区域性的多边旅游合作平台，与现有的多双边旅游合作机制对接。形成包含签证、领事保护、交通、金融和危机应急机制的多元 ADS 框架。进一步争取实现 ADS 基础上的更多国家或地区免签和落地签证待遇。

第七章
以文塑旅提升旅游国际话语权

进一步夯实文化和旅游国际话语权高质量构建的理论基础。在已有动力生成机制框架指引下，探索其在实践中落地的可行性。

第一节　文化、生活方式和旅游

空间位移从来就是旅游的基础场景，总是为旅游创造出无限可能。当一种文明遇见另外一种文明，当一种生活方式遇见另外一种生活方式。不同地域，不同时空的元素奇迹般地遇见和整合在一起，又总是在持续的变化中产生新的吸引力和灵感。破壁，穿越，突破，融合就成为一种自然而然的过程。既可以使我们看到不同文化元素和不同生活状态的实时整合与进化，又使得我们能够在"我与他""内与外""此与彼"的持续认识和比较中更真切地感受到身份的确定和共识的形成。

寻找价值，寻找自己，观照自身可以看作旅游的文化追寻。这种追寻，既来源于对传统文化滋养的回应，也来源于求新求变对品味和时尚的向往，还来源于与他人和社会建立更密切联系的渴望。作为一种生活方式，旅游是人们自身，以及学习和成长方式的镜像。旅游也总是带着历史一起走。有宏大历史背景的回响，也有人们成长的个性化"历史"。正是在常变常新的场景中，我们才能够更好地接触和认识自我和世界。

在这个过程中，居民也好，游客也罢，都可以在频密互动中获得消除隔阂和冲突的机会，增进相互了解和理解，切身感受到生动和具体的文化交流与融合，都有可能触摸到不同文化传统的源流与脉络，都有机会达成现代和传统的和解，从不同中寻找相同点，形成共鸣和默契。进化和演变同样也是旅游的基本特征。伴随着时代的变迁和技术的进步，无论是旅游的形式，还是内容。无论是旅游的需求，还是旅游的供给，都在不断演进的过程中。

例如，交通方式的变革在很大程度上塑造了世界旅游的面貌。从风帆和马车到强劲蒸汽动力驱动着的火车和轮船，再到飞机的广泛应用，旅游方式发生了巨大的变化。旅游业也获取了前所未见的广阔发展空间，洲际旅游成为常态。在永不停歇的演进过程中，旅游者、旅游市场主体和旅游管理部门，也在这些不同时段呈现出不一样的面貌。

旅游出行既有推动力，也有阻力。旅游就是在推动力和阻力的矛盾较量中不断演进。与国内旅游相比，不同国家和地区间的巨大差异固然能够给游客带来不一样的体验，是重要的旅游资源，但是，由于思维方式、语言环境、宗教信仰、社会制度，特别是生活习惯的差异，也会给旅游带来更多不变和阻碍，情况也相对更加复杂。在出境旅游中，与之相关的签证和航班安排、旅游安全保障、市场秩序维护、游客权益保护、语言环境和领事保护是出境旅游的基础环境构件和前提，也是旅游活动得以成行，能够更好在旅游行程中认识世界、反观自己的重要载体和关键空间。

在旅游国际话语权的高质量塑造过程中，必须对游客和相关主体的认知和体验"有感"，才能够最大限度地顺势而为，凝聚更多方面的力量。游客和相关主体的认知和体验，既是个性多变的，又为文化和生活方式所决定和牵引。由此，旅游国际话语权塑造过程中的文化支撑、文化载体的选择等就显得更为重要。

第二节　从源头激发国际话语权的清流活水

强化国际话语权的一个重要目的是向全世界传达我们的核心价值理念，打破国际上的偏见。这需要不断发掘中华文化内在的人类共有价值，采取"引进来"与"走出去"相结合的方式，不断加大中华文化走向世界的步伐，为中国国际话语权的生机与活力提供源源不断的新鲜血液。要着重于对全人类共同价值的表达，对中华优秀传统文化的挖掘、审视和创新性发展有益于对全人类共同价值的表达。

近年来，我国涌现出一大批将传统文化与当代时代潮流结合的新模式和新产品。在文创产品开发上，故宫等文博场馆系统打造的文创集群让公众津津乐道。在文化跨界融合上，围绕优秀传统文化的创新模式和产品不断涌现，触及吃、住、行、游、购、娱等各个环节，引发人们为"国货之光"打卡，"以国为潮"。在文化演出和传播创新上，有李子柒，也有"不倒翁小姐姐"；有分布多地的"千古情"，也有闪耀着盛唐风采、散发出独有魅力的《唐宫夜宴》。这些产品以精心设置的内容和线上线下并行的多元传播方式，激发了世界对中华优秀传统文化的浓厚兴趣。

这些探索和创新，使中华优秀传统文化的传承和弘扬形式为之一新，也启示我们，在新的历史阶段，要在中华优秀传统文化的继承和弘扬上推动形成高质量发展态势，以此聚集市场人气，振奋行业士气，集聚发展动能，产生积极的国际影响。

高质量发展需要充分解码中华优秀传统文化。中华优秀传统文化是中华五千年文明的结晶，是中华民族的独特标识，是我们国家和民族的精神家园之所系，体现着根本的价值取向、道德规范、思想风貌及行为特征。这些思想文化体现着中华民族世世代代在生产生活中形成和传承的世界观、人生观、价值观、审美观等，其中最核心的内容已经成为中华民族最基本的文化基因。传承和弘扬中华优秀传统文化，离不开对其持续深入的研究，以时代之需求、今人之视角，开传统文化之宝藏。在李子柒的作品中，有优秀传统文化的价值沉淀，也有当下生活的丰富多元，涉及的传统工艺、习俗节气和日常生活，是在努力对中国传统文化进行全角度、全过程展现。《唐宫夜宴》中的"唐朝小胖妞"，在看似轻松随意、却处处体现出慧眼匠心的空间场域中，将内蕴的民族精气神和能让人会心聚神的生活片段融为一体，在不经意间将顶级的"国宝"知识和大众喜闻乐见的"国风"表现得淋漓尽致。

毫无疑问，这些精品的产生，必须要有对中华优秀传统文化的深入研究和深度认知。我们需要加大考古发掘和研究工作力度，深入挖掘文化遗产背后蕴含的哲学思想、人文精神、价值观念、道德规范，并探索其与当代需求对接和阐释利用的可能性；需要创新探索更有效的文化表现方式和开发转化模式。

例如，紧密观察和跟踪文化和旅游领域建设和发展的鲜活实践，提炼能够浓缩中华民族思想文化精华的中国特色关键词，阐释关键词，传播关键词。准备好中国文化和旅游发展的故事、境外华人参与的故事、境外各方参与的故事以及获益获得新发展的故事。通过文化和旅游领域的丰富素材，向世界解读中国历史、中国智慧、中国模式以及独特的中国发展道路。加强国别与区域研究，建立跨文化交流合作案例库和旅游交流合作案例库，以此积累鲜活、有效的素材。

第三节　凸显鲜明中国特色

习近平总书记提出，要善于提炼标识性概念，打造易于为国际社会所理解和接受的新概念、新范畴、新表述。[①] 即倡导在充分研究中国国家立场、传统文明积淀、当前意识形态的基础上，运用中外语言对比研究成果与话语艺术，进行中国国际话语体系（尤其是关键概念和术语）的科学调适，将民族性与国际性有机结合，建构既反映我国文化自信和核心价值观，又与国际舆情接轨，符合中西意识形态共义域的知识叙述，不断提升中国国际话语体系的时代兼容性与国际接受度。对社会主义的基本理念、价值体系和基本制度建立高度的文化自觉和文化自信，抓好自身核心价值观体系的建设，夯实话语权建设的基础。密切关注国际社会所共同面临的各种重大理论和现实问题及其在文化和旅游实践中的表现形式，关注国际话语结构新动态，克服话语僵化，适时调整提炼出具有普遍意义的话语，形成富有针对性的集中宣传回应。在文化和旅游国际话语权高质量构建过程中，必须坚持"宜融则融、能融尽融；以文塑旅，以旅彰文"的方针。这里涉及"文化和旅游融合的话语体系"，也就是在学习借鉴人类文明成果的基础上，用中国文化和旅游理论研究和话语体系解读中国实践、中国道路，不断概括出理论联系实际的、科学的、开放融通的新概念、新范畴、新表述，打造具有中国特色、中国风格、中国气派的理论话语体系。在开放、融合的心态下，通过整合文化和旅游领域知识，探索和改进有利于中国话语的生产与控制的途径。针对新的时代条件下的文化和旅游实践，提出符合国际认知通约数，也能符合国际话语环境的中国话语，汇聚和表征中国的努力、思考和期望。

以入境旅游发展为例，需要优化入境旅游产品开发和目的地形象的塑造，加速整合境外文化和旅游工作机构，统筹安排交流项目和活动，同步推进文化

---

① 习近平在哲学社会科学工作座谈会上的讲话 ［EB/OL］. ［2016－05－17］. http：//www. xinhuanet. com//politics/2016－05/18/c_1118891128. htm.

传播和旅游推广；发挥好博物馆、美术馆等文化机构和旅游景区景点、旅行社、旅游饭店在传播中国文化方面的重要作用，引导各类导游、讲解员和亿万游客成为中国故事的生动讲述者和自觉传播者；综合发挥文化和旅游各自优势，推动更多优秀文化旅游融合产品走向海外，进入主流市场，影响主流人群，把中华优秀传统文化展示好，把当代中国发展进步和中国人民精彩生活表达好。同时要发挥地方特别是城市在入境旅游振兴中的积极作用。国家中心、枢纽和新兴城市一直都是，并将继续作为入境旅游市场的战略支撑，在入境旅游振兴进程中扮演关键角色。为此，需要鼓励城市目的地善用文化和旅游资源，对标国际先进标准优化基础设施和商业环境，开发依托文化基底和现代生活方式的创新入境产品。将入境旅游宣介推广与城市形象塑造和竞争力提升紧密结合，在鼓励市场主体强化入境旅游投入上形成更透明、更简便也更有效的激励政策框架。通过推动入境旅游发展提升国际话语权的举措如表7-1所示。

表7-1 通过推动入境旅游发展提升国际话语权

维度	建议
品牌	建立中国旅游的国际化品牌，充分调动主管部门、旅游行业代理机构、社交媒体平台、大使馆和领事馆以及知名度高的官员等多渠道，为国际游客创造积极和欢迎的信息
策略	●在营销推广中，细分境外游客市场。除景点和旅游资源介绍以外，将文化元素加入其中。如中国杂技、中国功夫等，要注重观赏性与可理解性的结合。如果是能参与互动的，要注意难易程度适中，如写毛笔字、画京剧脸谱、中餐制作、剪纸、国画体验等。把节庆作为亮点，吸引对中国文化感兴趣的人群 ●利用艺术节、体育比赛、教育研讨与交流等契机，将旅游资源绑定宣传。通过媒体的介绍，协助中国文化和旅游一起走向海外 ●积极推荐影视出国，如推动中国优秀影视剧出海、在海外院线上线。利用国外的中国元素的电影，推荐中国文化。如利用迪士尼的《花木兰》新电影，介绍、推广中国的时代文化、当代女性解放等 ●开发游学板块，策划组织海外学生团体来到中国进行游学体验，培养他们对中国文化的兴趣。积极与海外的文化中心、组团社、语言机构、学校合作，组织假期兴趣班
推广行动	●建立专门的机构，在国家层面进行国际营销 加强与省市级旅游营销机构，以及公私营营销旅游机构的合作与最佳实践做法分享。同时允许各地方保留自己的自由度与利用其已建立的海外营销渠道开展自主营销 ●强调资源之间的联系，在品牌形象、营销主题等方面开展合作。例如，统筹全国各地区的行程考察、组织行程和地理制图工作等 ●注重旅行社同业、线上互联网平台、广告、传统媒体、新媒体、红人的整合运用 ●在目标客源市场，设置营销代理机构。根据当地市场情况，进行符合当地人文特色的营销规划

续表

维度	建议
打造游客友好型体验	● 扩大免签证计划、设置"可信旅行者计划""全球入境项目",提高出入境游客运输效率 ● 改善到达和航空安全检查的流程。广泛部署新机场安全检查技术、创新并改进流程和基础设施,改善国际航空旅客的检查和整体旅行体验,创造世界排名靠前的机场 ● 确保为旅行者提供高质量的体验,激发回头客和积极的口碑效应。考虑到多年龄阶段的游客,综合使用静态纸质地图、小册子、新型技术来服务不同的参观者 ● 在主要公共服务设施增加英语指示,便利自由行客人
推动技术提升	● 改良工具。规范和改进旅行计划网站,探索多种语言呈现旅游信息 ● 提供用户友好的规划工具和资源;将潜在的访问者与旅行者可利用的各种网站、体验和资源联系起来
构建考核机制	● 引进绩效指标和第三方研究与考核,确保旅游推广机构重要目标和战略目标的实现过程不断取得进展 ● 对营销效果与成绩进行持续关注与测评
文化机构更好地服务于入境旅游推广的路径	● 扶持演艺企业创作生产。加强舞美设计、舞台布景创意和舞台技术装备创新,丰富舞台艺术表现形式。鼓励演艺企业创作开发体现中华优秀文化、面向国际市场的演艺精品 ● 培养中国文化的旗舰品牌,打造"百老汇""伦敦西区"这样的文化阵地 ● 加强对优秀艺术家的培育、宣传、推广、海外交流与巡回。并以类似活动为契机,邀请当地媒体、旅行社同业等,从艺术欣赏的角度,举办见面会等,推广艺术的灵感、艺人求学、创作场所等 ● 坚持保护传承和创新发展相结合,促进工艺美术业全面健康发展,推动传统工艺美术产品融入现代生活。强化品牌意识,培育一批有较高知名度的工艺美术品牌,用于海外旅游推广伴手礼或线上互动的礼品使用 ● 注重文化建设与人居环境相协调。有效保护历史文化街区和历史建筑,合理发展各类艺术园区。推进文化生态保护区建设,建设各具特色的美丽乡村 ● 促进文化与科技双向深度融合,依托高新技术增强文化产品的表现力、感染力、传播力,强化文化对信息产业的内容支撑和创意、技术与装备水平提升 ● 鼓励对舞台剧目、音乐、美术、文化遗产的数字化转化,支持开发适宜互联网、移动终端的数字文化产品

第四节　以文化和旅游高质量发展夯实国际话语权根基

文化和旅游实力直接关系到本领域的国际话语权,也与整体的国际话语权紧密相关。以旅游为例,在市场加速扩展以及对目的地社会经济发展意义不断提升的背景下，双向旅游交流对国际话语权的重要支撑表现得越发明显。2019 年，中国出入境旅游规模超 3 亿人次，出境旅游消费增加明显。继续保持世界第一大旅游消费国和第四大入境旅游接待国。其中，中韩、中日、中俄和中印的旅游交流规模都在扩大，有力增进了民众间的相互了解和彼此信任，为中国国际话语权的提升作出了积极贡献。

一、培育硬实力，明确影响力和支撑点

解放思想，大力发展文化和旅游领域的生产力，不断加强中国特色社会主义的小康社会建设，这不仅是富民强国之本，也是中国旅游话语权走向世界的坚实物质基础。不断满足人民群众日益增长的美好生活需要，用文化和旅游领域鲜活的现实向世界展示中国特色社会主义的旺盛生命力，为国际话语权的提升打下坚实的物质基础。

二、明确内外两个循环与话语权提升的联动机制

党的十九届五中全会通过的《中共中央关于制定国民经济和社会发展第十四个五年规划和二○三五年远景目标的建议》（以下简称《建议》）提出，要加快构建以国内大循环为主体、国内国际双循环相互促进的新发展格局。这是对"十四五"和未来更长时期我国经济发展战略、路径作出的重大调整完善，是着眼于我国长远发展和长治久安作出的重大战略部署，对于我国实现更高质量、更有效率、更加公平、更可持续、更为安全的发展，对于促进世界经济繁荣，都会产生重要而深远的影响。在文化和旅游国际话语权高质量构建的过程中，需要在此指引下，发挥我国超大规模经济体优势，充分发挥国内市场对文化和旅游的支撑作用，释放市场潜能。探索稳固和强化国际供给和需求的路径，实现更高水平的供需平衡。换言之，就是一方面依托已经形成的拥有 14 亿人口、4 亿多中等收入群体的全球最大最有潜力的文化和旅游市场；另一方面依托 1.3 亿户市场主体和 1.7 亿多受过高等教育或拥有各种专业技能的人才带来的供给端资源，创新驱动，不断提高供给质量和水平。以国内文化和旅游市场为基础和主体，以建立在强大市场基础上的跨境文化和旅游交流合作作为国际话语权的主要调控动能。由此实现内部可循环，并且提供巨大国内市场和供给能力，支撑并带动外循环。

第五节　引导入出境旅游市场主体强化文化自信

真正的文化自信需要在与外来文化的交流中得到确证，作为文化交流重要载体的入出境旅游，为树立和强化自信提供了适当场景。宋瑞（2018）认为旅游可在构建人类命运共同体中发挥重要作用，旅游的互动交流可促进全球伙伴关系。文化的传承、吸收、借鉴、交流甚至交融交锋成为入出境旅游的常态。可贵的是，与入出境旅游相关的行动也是言说，不仅给别人讲，也是在给自己讲。这不是一次两次蜻蜓点水，而是长长久久、反反复复。日积月累潜移默化之下，文化自信的底气越来越足。

一、入出旅游的发展有利于催生和强化文化自信

1. 游客的来来往往为树立和强化文化自信提供了更多场景

党的十九大报告中明确指出，"推进国际传播能力建设，讲好中国故事，展现真实、立体、全面的中国，提高国家文化软实力"。入出境旅游本身就是中国社会主义建设成就的生动表达，且融通中外，触达亿万。无论入出境游客，还是与入出境游客接触的当地居民，或者为入出境旅游服务的众多机构和组织，都是体验者、讲述者和传播者，入出境旅游也由此成为践行"讲好中国故事，传播好中国声音"的有力新方法。在新时代，中国已经迈进"从大到强"的发展阶段，这就意味着内宣、外宣的边界越来越模糊。做好国际传播，讲好中国故事同样也是内宣的要求。① 例如，中国护照"含金量"越来越足的重要推动力量就是境外目的地希望吸引更多的出境游客，反过来这又为更深入的文化交流提供了有利条件。再如，出境游客会发现境外有更多的中文服务、更多的中国制造、更多的熟悉应用、更有力的领保保障和更多的中华文化元素展现，这带来安心的同时也会产生更多的文化认同感和归属感。这推动我们要高举人类命运共同体旗帜，在发展入出境旅游过程中引导国际社会塑造更加公正合理的国际新秩序，建设新型国际关系，切实使中国主张、中国智慧、中国方案成为引领时代潮流、体现公平正义、回应世

① 廖望劭. 做好国际传播　讲好中国故事［J］. 声屏世界，2021（10）：1.

界关切的国际公共产品。徐步（2021）认为在影响力越来越大的"欢乐春节"中，很多境外目的地积极针对中国游客的文化需求安排旅游项目，形成了更多的"文化便利化"。境外目的地在提升中国游客满意度上也不惜余力。

2. 市场主体的商业模式创新强化了文化自信

入出境旅游领域的商业竞争本身就是国际化的，其间常见的产品和商业模式创新所体现的精神同样是树立文化自信的重要部分。不仅有对中华文化的认同和自豪，也内蕴着开放包容的胸襟与气度、择善而学的自觉与从容，并将这种精神传递给每一位入出境游客和每一个与入出境旅游相关联的人。这也体现在市场主体的商业往来中。郭晗（2019）通过"讲好中国故事"的视角进行探讨，探讨如何通过"故事"的方式在外交活动、国际会议、文化交流中来进行我国优秀传统文化的宣传，通过故事来阐释当代中国价值观、发展理念和发展成就，凸显本土化和亲和力。当前，产品服务供应方更加关注并挖掘中国游客的审美方向和服务需求，通过产品乃至商业模式创新增强竞争力。通过开发小团化、个性化、主题化和高品质的"新跟团游"，增加私家团、目的地参团、半自助和主题化跟团等品类供给，入出境游供应商在优化获客渠道和革新供应链的商业模式变革中，正在逐渐消解过往跟团游自由度差、不灵活、服务差和不能满足个性化需求等痛点。以华为、科大讯飞、商汤科技、字节跳动、美团、滴滴等为代表的中国高科技企业，在5G、人工智能、虚拟现实、社媒交流和当地服务等方面持续发力，其提供的中国服务和中国产品更多地得到入出境旅游者的认可。便利支付是入出境旅游需要考虑的重要方面。我国以银联国际、支付宝和微信支付等为代表支付服务机构针对入出境旅游者和服务供应商，提供"一揽子"金融理财、餐饮购物、交通出行、社交活动等增值服务，又在境内和目的地节假日推出特色优惠活动，并选择性地向境外商户提供包含开发后台运作在内的系列精细化商业运营工具，已经初步构建形成了具备中国文化特色的全方位支付生态，同时通过支付文化和服务的延伸也推动了文化自信和商业活动的互补。

3. 入出境旅游和文化贸易的互补交融有利于树立和强化文化自信

入出境旅游市场的快速发展，为文化贸易提供了有利场景，推动入出境目的地、市场主体和民众有更多的机会相互接触，也有更多动力了解和学彼此。方兴未艾的"汉语热"，星罗棋布、活动频繁多样的中国文化中心，全球落地的中国环球电视网（CGTN），以及对中国图书、电影、电视节目、演艺、动漫、网络游戏、创意设计等文化产品和服务的更多需求，都触发和推动了中国对外文化贸易的发展，这些同样也有利于文化自信的树立和强化。入出境旅游的热点区域，往往也是对外文化贸易增长较快的区域。

二、在入出境旅游发展中，树立和强化文化自信的工作还有待强化

1. 重市场影响、轻文化引导现象普遍存在

季少军（2018）指出，在信息化时代，我国目的地管理机构（DMOs）的话语权主导地位正在受到挑战。当前有些市场主体并没有意识到在开发入出境产品和提供相关服务时必须有基本的文化自觉，存在片面夸大赞美异域文化，迎合低俗庸俗需求，贬低虚化、解构戏说自身传统和优秀文化的倾向。没有在入出境旅游产品提供中以平等平和的心态面对境外文化表现和载体，反而唯外为好，唯洋是尊，且泛娱乐化倾向明显，漠视文化自信在提升自身竞争力中的重要作用。也有些市场主体意识到这一点，但普遍还处于探索阶段，自发的多，自觉的少，社会上还未形成良好的氛围，也缺乏必要的引导和扶持。

2. 入出境旅游舆情管控仍显薄弱

文化自信环境与舆情联系紧密，而入出境旅游的巨大规模使得涉外旅游舆情面临风险敞口大、突发事件多、取证困难以及澄清渠道薄弱有限等复杂环境。谣言成为入出境旅游舆情风潮中的常见现象。或者凭空捏造假新闻栽赃，或者只陈述事实的一部分，将部分事实说成是全部现象，将"中国出境游客群体"妖魔化作为博眼球赚流量的手段，以抹黑为能事，往往又被别有用心的机构或个人恶意引导，与"不文明""土豪""素质低"等负面标签相关联。严重恶化了舆论环境，影响了人们的判断、选择和偏好，也使得管控难度高企，在反应时效、应对妥当和多方联动上还有较大提升空间。

3. 市场主体商业模式创新艰难，缺乏管理、技术与资本支持

将培育和强化文化自信工作融入市场主体商业模式的过程，实际上是文化和旅游高质量融合的过程。既产生和强化入出境旅游产品和服务的吸引力，又为市场主体的持续投入提供正向反馈。相比传统运营模式，无论是对入出境游客在出游动机、信息搜索、出游计划、消费模式、行为意向、境外目的

地选择、服务质量感知等方面的大数据的收集和挖掘，还是与之对应、涵盖需求端和供给端，包括获客能力强化、终端渠道建设、客户维护与管理、产品开发创新、人力资产优化以及新型供应链塑造等在内的全过程，都需要市场主体有意识地寻找最佳切入点和最佳融合路径，并实现管理、技术和资本在信息体系建设维护、数据价值挖掘、智能化精细管理和跨界资源整合等环节的高强度投入。其间工作难度和风险大，短期内成效不易显现，仅靠市场主体匹马单枪难以打开局面。

三、政策建议

1. 精准优化不同目的地入出境旅游的基础环境构件

与入出境旅游相关的签证和航班安排、旅游安全保障、市场秩序维护、游客权益保护、语言环境和领事保护是入出境旅游的基础环境构件，也是入出境游客培育和强化文化自信的重要载体和关键空间。新冠肺炎的影响暂停了入出境旅游的开展，但国际社会对我入出境旅游市场依然重点关注，目的地国家和地区普遍希望在疫情后抢占我出境旅游市场的有利地位，以求尽快对冲损失，复苏经济和创造就业，态度主动，情绪急迫。当前需抓住这一难得的机会窗口，在清晰了解相关方对我入出境旅游市场诉求的基础上，对外抓紧话题设置和舆情管控，有意识引导、鼓励目的地实现普遍性的入出境基础环境构件优化。提前研判当前不同入出境目的地的防疫形势和开放可能性，全面评估其旅游基础环境构件的状况、效能和潜力。一地一策，明确可以选择且易于落地的优化路径。对内强化相关部委的对接联动，联合推动相关基础构件的优化进程。

2. 开展专项研究和示范试点，尽快建立有利于增强文化自信的入出境旅游产品开发、市场开拓和模式创新的制度体系

开展有利于培育和强化文化自信的入出境旅游发展专题调研。结合入出境市场满意度调查，增加入出境游客文化消费调查和入出境旅游舆情监测。准确掌握我国居民在入出境旅游中的文化需求以满足现状，摸清总量、结构、质量、趋势等情况。引导市场主体更多围绕增强文化自信在开发入出境旅游产品和开拓市场上着力。选取重点客源区域、关键产业领域和典型市场主体，探索有利于增强文化自信的入出境旅游专题发展规划。适时推出主要目的地

入出境旅游发展文化指引，帮助市场主体了解主要目的地的文化特征、主要标志、代表人物、文化产业结构和代表机构、与我文化的比较、现有文化交流情况、当前入出境旅游中存在的文化问题（包含文明旅游）和规范解决办法、常见的优惠政策等。完善激励、扶持、补偿机制等政策，对企业加强引导和财政支持。综合运用产品开发和市场推广补贴、政府购买服务和人才培养等方式，鼓励和帮助市场主体在深入的文化比较中挖掘创造灵感，培养吸纳和挖掘特色资源潜力，加强以增强文化自信为目标的产品和服务供给能力建设，推动实现文化内涵、价值观念和时代精神的国际表达。在包含航空、当地交通、吸引物、住宿和目的地服务等入出境旅游整体产业链上创新产品服务和商业模式，探索建立涵盖相关主体共同推动增强文化自信与入出境旅游互补融合的常态化合作机制。让入出境旅游成为人们认识优秀境外文化，感悟中华文化、增强文化自信的过程。

3. 推动包含增强文化自信目标在内的入出境旅游发展效能评估工作

在入出境游客文化消费调查和入出境旅游舆情监测基础上，结合已有数据体系，引入大数据技术措施，推动建立将增强文化自信作为关键目标的多元化入出境旅游发展效能评估体系。将能否推动市场主体在入出境产品创新和服务提供中把呈现中华文化独特魅力和反映人类共同价值追求有机结合起来，形成相关人群更具深度的思想共鸣和激发更加广泛的情感认同作为评判标准。明确入出境旅游发展的方向和需要解决的问题，近期推动形成入出境旅游文化影响案例库。应责成系统内相关机构，组建专业团队开展相关工作。选取主要目的地试点，涵盖经济、社会、文化等多个领域。通过定期的数据收集、分析、监测、趋势预测以及专家小组评估等，推动解决重难点问题。

| 第八章 |
构建高质量的旅游宣传体系

第一节　抓住"中国梦"战略机遇

中华民族伟大复兴的中国梦让新一轮的"改革红利"取代曾经的"封闭红利",为中国入境旅游发展提供更为强大的动力。将"中国梦"的实现过程,作为世界重新认识中国的过程。以旅游业为载体,向世界展现中华民族伟大复兴的系列成就。

对外使用"超乎想象的中国(China-Beyond Your Imagination)"宣传口号,持续丰富和完善"美丽中国(Beautiful China)"国家旅游形象。各级旅游行政主管部门可根据自身的旅游资源优势进行推出分级联动的地方旅游形象和旅游宣传口号,逐步构建起高度概括目的地特征、阐释目的地旅游内涵的旅游目的地形象体系。

在新的形势下,旅游推广要有新的侧重。原来的推广当中,无论是秦始皇兵马俑,还是长江三峡、大熊猫,都不是能够全面展现现代中国真实面貌的载体。为境外游客展现一个真实的中国,才能够真正地打动游客。因此,宣传的重点要从传统的资源转向现代的生活方式,从原有的景区景点向目的地转变。需要让更多的游客来到中国以后,能够在菜市场、超市、电影院、歌剧院等地方真实地触摸到中国老百姓的日常生活。加大对以"厕所革命"为代表的旅游公共服务环境提升力度,以及对于过境免签、离境退税等旅游便利化政策的宣传力度。

积极面对由于东西方文化和价值观差异所导致的误解与偏见。针对部分境外媒体对中国大气污染、环境治理、市场秩序、国家安全等的负面报道,我国有必要主动发出中国声音,并对部分热点事件予以积极回应,尽量消除隔阂和偏见。在开发入境旅游市场的进程中,高度重视文化上的沟通与交流,引导境外游客对中国的正确认识，改善整体国家形象。

重视和做好舆论引导工作，通过各种渠道与方式，向国际社会阐明中国的出境旅游对于沿线国家与地区的真实贡献，既不夸大也不缩小。"把中国梦同周边各国人民过上美好生活的愿望、同地区发展前景对接起来，让命运共同体意识在周边国家落地生根。"促进"一带一路"沿线国家对倡议内涵、目标、任务等方面的进一步理解和认同。主动谋求宏观层面的支持，通过模式输出、标准制定等途径，增强我在相关领域的话语权和影响力，推动旅游合作成为倡议的主要内容。

第二节　优化入境旅游发展的宏观环境

利用好入境旅游这个创新话语体系孵化器，推动从顶层设计和组织层面上"一张蓝图绘到底"。在以入境旅游为载体的外事外宣工作中用足用好现有免签入境、过境免签、邮轮入境免签等政策。探索建立优化电子签证申请系统，允许入境游客经由网上申请签证。面向印度等新兴客源市场，实施多样化、动态化的免签政策。推动扩大过境免签、免签入境的适用范围。充分利用大数据、生物识别、人工智能等现代化技术手段，尽可能地减少不必要的材料需求和冗余程序，减少包括签证中心代办费在内的总体签证成本，优化入境游客驾驶证件和车辆证件的管理，为入境游客自驾游提供便利。

开通更为便捷的参办展渠道，优化边境口岸设施基础，促进边境区域的"单一窗口"建设工作，努力减少签证、通关的时间与成本，强化在海关、物流、检疫等方面的合作，防止出现双重征税征费等不利问题。

提高指引标识系统的国际化水平和旅游咨询服务热线的多语种服务能力。公共无线网络登录增加主要客源国和地区的语言版本。应用人工智能等技术手段全面改善我国国际语言环境，争取尽快实现旅游外语标准服务全覆盖。制定相关激励政策，鼓励在华外国人和本土外语人才共同参与外语培训志愿服务，探索建立多语种的居民旅游志愿者队伍。应有先进技术手段，探索在保障国家安全的前提下境外主流电视节目落地和常见互联网应用（"脸书"、推特等）的有控制使用。

系统分析、预测和评估国际航班和出入境运力需求的匹配程度，优化航权框架和运力部署，有序提升国际航班对入境旅游的支持力度。增加加密主要客源地间直飞航线，增强国际中转能力。构建我国主要客源地与国内目的地"朝发夕至、通达覆盖"的航空网络。提高机场、码头、火车站的通关便利化和智慧化水平，增加境外游客入境通关窗口，增设自助通关设施，设立旅游宣传资料发放点，简化通关手续，优化工作流程，探索创新旅行社团队游客快速通关方式。

推动在我主要入境目的地增设市内免税店，设立邮轮港进境免税店，扩大机场免税店规模，丰富免税品品类，支持国产商品进入免税店。鼓励打造富有创新元素、拥有积极正面国家形象的本国强势品牌。简化国产精品的检验检疫程序。逐步与国际接轨，放宽免税店的经营品类，实行统一口径下的免税商品目录管理，扩大市内离境免税店的商品经营范围，增加烟、酒、电子产品等国人偏好的中高档商品种类，并准许进境免税店销售包括国产白酒在内的众多国产名优商品。探索采取"负面清单管理"模式，减少政府对于免退税商品类别的管控和限制，从根本上解决免退税商品经营范围狭窄问题。拓展离境退税标的物范围。

做好入境旅游发展的政策研究和储备工作，持续开展入境旅游市场秩序整治工作。既面向主要和重要潜在客源地强化宣传推广工作，又引导产业开发创新入境旅游产品。

第三节　明确高质量的国家旅游品牌体系特征

国家文化和旅游品牌至少需要具备以下几个特征。

第一，展示国家文化特质或个性。国家文化和旅游品牌一定要能够代表中国的国家形象，是建立在国家内涵的准确界定和国家形象的明确定位上。特别是文化方面的总结和提炼，更为重要。因此代表国家文化和旅游的品牌符号应该是充溢中国魅力的，为国人引以为傲的独特空间符号，也具有唯一性的国家属性，如此才能保证不被轻易复制。

第二，表达热情欢迎和可参与。无论文化还是旅游，都是人们沟通的桥梁，有助于增信释疑。欢迎了解，欢迎交流，欢迎参与等富含可亲可近可参与意味的内涵和表现不仅本身就蕴含在中华传统文化中，也应该是国家文化和旅游品牌的突出特征。

第三，形式易理解、记忆和传播。概括起来，就是识别性强、知名度高。识别性强意味着的国家文化和旅游品牌符，不仅容易被受众识别和记忆，还能大大降低传播成本。知名度高意味着拥有良好的传播基础，也有较高的理解度，便于口碑营销。相关方能在较短时间内认知中国，感受中国文化和旅游的精神内涵。

第四，易于对受众产生精神鼓励。好的品牌可以形成受众的心灵共鸣，文化和旅游国家品牌同样需要如此，由此产生满足并超越期望的效果。美美与共方能天下大同。

第五，具有优良的品牌延展性。国家旅游品牌是一个庞大母品牌，应由若干子品牌共同支持建构品牌大厦。子品牌可以与核心价值的基础组成部分具体对应。这样有利于受众清晰把握主旨，减少无关信息的干扰，产生集中识别。

在总体形象把握上，着重运用传统和现代文化相融相生的符号。既有中国优秀传统文化，又有现代中国人民的生产生活风貌。有历史传承，也有现代的时尚生活和人间烟火。明确中国文化和旅游所要传达的核心价值更多的是千年一以贯之从未中断的文明光芒。这样，就与其他国家产生了明显的区隔定位。同时，品牌形象的空间部署也要精细化。在大数据支撑基础上，选取形象媒体的空间信息载入点。在国家尺度上，可以选择重要口岸城市和国际航线城市，又能够突出体现中国历史文化和现代化建设成就的城市为形象媒体的空间信息载入点。北京、上海、广州、深圳、西安、成都、重庆等。在地区层面上，可以优先将具有国际影响力的文化地标和旅游目的地的空间信息载入。为了保证品牌识别的一致，必须保持母子品牌的相似性。建议主品牌采用形容词和名词的组合，这样词义更为中性。子品牌可以根据具体环境和受众情况有更多灵活性，以个性和针对性为重，可以搭配名词甚至动词、副词等多种词性进行子品牌延伸。

高质量的国家文化和旅游品牌体系的特征是以与国际话语权高质量构建的关系为标准对现有国家文化和旅游品牌效能进行评估，并总结其成败得失。核心要件是识别度高、吸引力强、感召力大。

在评估基础上，抓紧树立识别度高、吸引力强和感召力大的国家文化和旅游品牌体系。

推动调查评估，回答"怎样的符号象征中国形象"和"当前符号与中国形象的契合性"问题。

中国形象需要建立在对中国特别是文化在内等特质内涵的深入理解上，从多个维度进行阐释和完善。比如，可以从"梦想的中国""美丽的中国""幸福的中国""时尚的中国"等核心价值基础上，结合人们对中国的理解，确定具体的，有效的国家文化旅游品牌符号标准，在此基础上对现有工作的效能进行评估。

第四节　向市场主导的营销体系转变

一直以来，我国的旅游推广体系主体是政府。不仅人力有限，同时也缺乏相应的激励与考核机制，成为制约推广有效性发挥的主要因素。在未来的工作中要借鉴美国旅游协会、日本观光公社、法兰西之家等机构的操作模式，成立旅游专业营销机构，将工作的主体从政府向市场化的专业机构转移。通过不同形式发挥专业机构的积极性和主动性，让专业的机构做专业的事情。在从政府为主导的推广体系向市场主导的营销体系转变过程中，还需要关注市场渠道的重新构建。同时还要积极谋求与国外机构的合作，引导国内与境外大型旅游机构对接，借助其渠道拓展我们的客源，起到借力打力的作用。只有让政府的归政府，市场的归市场，市场营销的效率才能从根本上得到改变。

旅游目的地营销工作应积极调动企业、社区、游客、行业协会等利益相关者的积极性，建立政府战略主导、企业联盟、线上线下媒体整合、游客参与互动的全方位营销机制。鼓励市场主体在旅游公共营销中发挥积极作用，创新企业参与公共营销的扶持奖励机制。宣传推广资金通过政府补贴、企业赞助、广告筹资等多种渠道市场化运作。

立足市场调研，提高旅游目的地品牌营销转化率。通过对国际客源市场的充分调研提高营销的科学性，有针对性地提升营销转化率。将对客源市场的调研作为旅游目的地营销战略制定的起点，调研包括游客特征、游客对目的地的认知，以及游客行为等内容。通过分析境外游客对目的地认知的偏差和短板，作为未来营销工作的重要突破口，从而切实提高旅游目的地营销转化率。支持高校与科研机构长期跟踪研究入境旅游市场，并提出具体措施和建议。

依托旅游大数据信息库，建设旅游目的地网络营销体系。建设包含目的地、市场、企业、景区、产品、服务、营销以及其他专业服务类信息的旅游大数据信息库。通过旅游大数据信息库为各类旅游网络营销活动系统提供基础数据支持，特别是根据国际游客偏好精准推荐中国旅游信息。支持旅游目的地利用旅游大数据信息库挖掘分析工具，建立广播、电视、报纸、多媒体等传统渠道和移动互联网、微博、微信等新媒体渠道相结合的旅游目的地网络营销体系。

重视目的地知名度调研与绩效评估，对目的地品牌营销效果进行跟踪调查与动态反馈。充分重视地方旅游的国际知名度动态监测和品牌价值评估，从国家、地方和企业不同层面对入境旅游推广绩效进行综合评判。通过对传统媒体和新媒体的市场推广效果开展跟踪性的综合评价，提高营销对象、内容、渠道的精准性。

要积极运用新媒体来宣传中国，用客源地老百姓听得懂的语言，以及最喜闻乐见的方式推广中国，以润物细无声的方式实现宣传的作用。将基于传统方式的粗放型、静态化的单项营销，发展为基于线上线下媒体的集约型、动态化的双向营销。

加强网络互动营销，构建"互联网＋"的境外旅游宣传推广体系。积极运用各类网站、自媒体、社交媒体等媒介，把握境外市场目标群体兴趣点，通过造势与借势，制造并引导公众话题，加强传播主体与客体的互动，做好线下与线上推广的结合，着力构建"互联网＋"境外旅游宣传推广体系。

积极拓展旅游电子商务平台，创新旅游网络营销模式。积极拓展旅游电子商务平台，鼓励利用互联网开展旅游营销信息发布、旅游产品在线预订和交易支付。支持旅游企业与在线旅行商平台合作，利用平台优势，扩大企业产品销售规模。鼓励旅游企业与门户网站、搜索引擎、用户原创旅游网站等加强合作，通过各类新媒介，培育黏性客户，提升企业精准营销能力，激发市场消费需求。

采取图文、视频等多媒体虚拟体验形式，通过"体验营销"提升境外公众对中国旅游形象的认知，增强其对中国旅游产品的直观印象和亲身感受。强化体验中心功能，完善悉尼、莫斯科、首尔、巴黎四个"中国旅游海外体验中心"的智能化建设，并在此基础上推动建立覆盖范围更加广泛的"中国旅游海外体验中心"系统。

开展中国旅游类应用项目建设。推动中国旅游类应用项目建设，鼓励第三方开发针对中国入境旅游的各类应用程序，积极推出新型游客体验终端、多语种旅游营销平台、智慧景区推广试点、虚拟景区体验项目等平台项目，为不同系统用户提供特色服务。

第九章
培育高质量的国际传播能力

2013年12月，习近平总书记在中央政治局第十二次集体学习时指出，提高国家文化软实力，要努力提高国际话语权。要加强国际传播能力建设，精心构建对外话语体系，发挥好新兴媒体作用，增强对外话语的创造力、感召力、公信力，讲好中国故事，传播好中国声音，阐释好中国特色。① 因此，提升中国特色社会主义国际话语权，必须加强国际传播能力建设，把握国际传播的规律，提高国际传播效果，努力提升中国特色社会主义国际话语权。

第一节　高质量培育国际传播能力

长期稳定成长的国家经济、越来越具有吸引力的壮丽河山、越来越高的开放水平和越来越自信的国民等聚合成的民族复兴和人民幸福的中国梦，既是我们讲述中国旅游故事的基本内涵，又为我们讲述中国旅游故事提供了全新动能，更要求我们在未来必须讲好中国旅游故事，高质量培育国际传播能力。

理想的国际传播能力建设应该具有强烈使命感、时代感，能落地。应该明确我国的国际话语角色：旅游领域的引领者、变革者和建设者身份，与话语弱势国家构筑话语联盟，形成最大的公约数话语，推动国际话语权改革。切实履行"责任共同体"的理念，更多地代表发展中国家发声。培养与其他国家之间的关系意识，如互信、互利、情义、共赢等，使中国可以掌握、塑造一种为最大多数国家所能普遍接受的话语。强化平等、互助、共赢的话语

---

① 习近平2013年12月30日在十八届中央政治局第十二次集体学习时的讲话［EB/OL］.［2017－12－30］. http://www.qstheory.cn/zhuanqu/2021－06/02/c_1127522717.htm.

主体关系。善用 APEC、RECP、金砖、上海合作组织、G20 等机制，寻求与话语强势国家的共同点，争取求同存异的可能性。

明确什么是旅游领域重要的国际问题，确立中国对文化和旅游领域重要国际问题的定义权和解释权。以创新对外传播方式、完善新兴话语体系、重点争夺新兴领域为目标，将当下最具普遍性、及时性、开放性等传播优势的互联网作为主攻方向，努力争取网上舆论斗争的主动权，打破有理说不出、有话传不开的困局。

要树立最能代表中国变革和中国精神的经典旅游形象体系。博大精深的中华文明是中华民族独特的精神标识，也是经典旅游形象体系构建的根基。具有中国特色、体现中国精神、蕴藏中国智慧的优秀文化是对外旅游推广模式方法创新的基础，需要更多地传承融汇到经典旅游形象体系的构建中去。经典旅游形象体系要根植于最深厚的历史文化沃土，要依托最优势的文化和旅游资源，要联通最鲜活的时代生活，更要最贴切地呼应世界的认知习惯。不仅要突出中国优势，也要有国际视野和共情能力。在总体形象把握上，着重运用传统和现代文化相融相生的符号。既要有中华优秀传统文化，又要有现代中国人民的生产生活风貌；既要体现历史传承，也要反映现代的时尚生活和人间烟火。这样才能够最有效地展示一个立体生动的中国，为推动构建人类命运共同体谱写新篇章。

要树立大历史观、大时代观，在把握历史进程和时代大势的基础上，积极强化我国设置议题和优化话语主题的能力。从时代之变、中国之进、人民之呼中提炼话语主题、萃取题材，展现中华历史之美、山河之美、文化之美，抒写中国人民奋斗之志、创造之力和发展之果。在对外旅游推广和目的地、产品形象品牌塑造中反映中华民族的千年巨变，弘扬民族精神和时代精神。在推广内容上不仅要形成中国气派和中国风范，还要与国际社会形成共鸣，创造更多的主场发声机会，向世界阐释中国文化和旅游的发展理念、优秀成果、和谐声音。

要把目光投向世界、投向人类。既要在百年未有之大变局下做好世界旅游发展的引领者、变革者和推动者，又要踏踏实实当好世界旅游新秩序的建设者。通过深入的业界洽谈、丰富频繁的交流合作和可触可及的发展成果将中国旅游故事用实实在在的行动讲述出来，以此凝结心灵和沟通世界。在与国际社会同舟共济、同声相应和同气相求的高水平交流中，持续构筑和扩大我国的"朋友圈"。

既要坚守原则，又要有灵活的方法。坚守原则就是要坚守中国立场，传播当代中国价值观念，反映全人类共同价值追求。同时要在塑造旅游品牌、展示优质旅游资源和旅游发展成果的过程中注重内容和形式的统一，有历史沉淀、有民族传统、有时代潮流，也要有多样化的模式和丰富的载体。特别要优化旅游话语国际传播的语言形式，话语构建应该尽可能展现中国的文化意蕴，同时又保证能为其他国家所理解。国际话语的构建主体是国家，这就意味在话语形式的选择上要更加规范，动态适应国际语境，综合考察认知、文化、社会因素，最大限度地避免歧义和消极的词汇联想，有意识地调整语用策略适应语境从而更好地构建国际话语。当代中国价值观念的国际话语语境主要是指影响当代中国价值观念国际话语的生成、传播以及作用发挥的环境。"一句话，百样说。"不能"一个版本包打天下"，需要根据各国的社会性质、政策环境和文化传统以及个人的文化程度、话语风格与表达习惯等，选择各国民众能够理解、乐于接受的话语表达方式来阐释当代中国的价值主张、价值立场和价值原则，让他们能够听得懂、乐于听中国声音和中国故事，不断提升向世界传播好中国价值。例如，与"一带一路"倡议相关的话语传播，应该重视"一带一路"合作网络的包容性和可持续性上。合作的务实推进需要充分考虑到参与方的具体情况和各自诉求，"一带一路"建设秉持共商、共建、共享原则，不是封闭的，而是开放包容的；不是中国一家的独奏，而是沿线国家的合唱。

还要系统分析话语系统、概念系统的不同和联系之处，确定语用方面的应用领域和功用。以此争取最大发言权，用相对较优的方式将中国的成果传播出来。

重视并熟悉国际受众的认知习惯和趋势潮流，有所区分和侧重地增强贴近性与对象性。找准当代中国价值观念与国际各方需求及利益的契合点，努力争取"讲故事"主动权。打破有理说不出、有话传不开的困局，并以此为切入点来提升中国旅游形象。官、产、学、研和广大游客等都应该并且可以在其中发挥重要作用。

第二节　优化话语传播的策略

制定文化和旅游领域负面国际舆论回应的预案。先期准备，先期介入，实时调整反馈。在对外传播时，还要注意构建自身和解构对手的"话语平台"并行。引入大数据、人工智能、5G、虚拟现实、区块链等先进技术，发挥这些技术的支撑作用。鼓励新媒体参与，探索新媒体条件下的国际话语交流模式。建立国际知名外宣平台，优化传播平台，增加国际社会曝光度，实现传统媒体和新兴媒体融合发展，传播立体全方位中国故事，构建灵活多样的话语载体。对外宣传主体由一元（政府）向多元（政府、企业、其他社会组织、个人）转变，以逐渐形成官方主导、全民参与的立体传播网络，增加国际话语的丰富性和可信度。发挥文化和领域的优势，话语内容多讲鲜活实践，少讲宏观规划，多讲包容开放，少讲博弈反制、宣传推广应有所区分和侧重，增强贴近性与对象性，满足海外受众的心理需求。要找准当代中国价值观念与各国需求及利益的契合点，并以此为切入点来提升当代中国价值观念在国际上的话语权。有的国家对中国的历史文化感兴趣，就可以有针对性地通过展示承载当代中国价值理念、能彰显中国精神的优秀传统文化的独特魅力来契合这些国家的需求，并以此来提升他们对当代中国价值观念的了解和认可；有的国家想了解中国的发展模式与发展经验，则可向这些国家重点介绍和宣传当代中国发展的价值理念和价值目标。

强化正确设置议题和优化话语主题的能力。依据"人类命运共同体"的理念，增进国际社会对我国文化和旅游发展情况、发展道路和相关政策的了解、认识和理解。设置与我国文化和旅游地位相匹配的话语主题，在资源、商品、服务以及相关的规章体制、经济理念、政策体制等方面持续提出。多将反映中国主张且能得到世界各国，尤其是广大发展中国家认同的理念作为议题提出，并促成其作为决议通过。要提名和推荐更多的中国文化和旅游专家担任权威国际文化和旅游机构的独立专家和特别报告员等职务，使中国专家能够深度介入相关事务。话语主题要具有针对性。针对西方国家不断散布的"中国威胁论""文化侵略论""中国游客不文明论""中国服务质量低下论"，中国应该向世界阐释中国文化和旅游的发展理念、优秀文化、和谐声音，讲清楚中国关于全球发展共赢的理念、主张和政策。结合中国文化和旅游的成功实践，宣传中国的主张、中国的成就和中国的贡献。话语主题受众要具有广泛性。中国关于文化和旅游话语的主张与诉求，不仅要努力在发展中国家传播，更应该克服困难在发达国家中传播。

创造更多的主场发声的机会。中国旅游市场的广大和快速发展，意味着未来有更多的机会举办主场国际活动，充分发挥信源优势。未来要在具有全球和地区影响的活动主办和承办中积极作为，创造更多主场发声的机会。并且用明确的态度与倾向、畅通的传播渠道、出色的传播能力将形成有利的信源合力。借助国际文化和旅游活动和会议平台，拓展话语的载体。

第三节　从冬奥会看中国话语传播

2022 北京冬奥会举办时，"冰墩墩"等冬奥会文创产品备受追捧，"秒空""大排长龙抢购"现象引发世界对中国文创产品的关注。

北京冬奥会是全球瞩目的体育盛会，具有强大的品牌影响力。提升旅游国际话语权，有必要也有可能借好冬奥"东风"。

"冰墩墩""出圈"表明，北京冬奥文创产品深度绑定和代表的是冰雪运动所彰显的青春活力，也是更高程度开放带来的审美自信。这实际上凸显了新时代的主流市场取向，并表现出文创产品的当代特征。

从需求侧看，北京冬奥文化承载和诠释的不仅局限于符号化的表达，而是更多关注人们的情感寄托和交流需求。例如，"冰墩墩""抖雪"，串联起 IP 人格化联想锁定、故事创意讲述、产品美学定位和科技感植入等方面。在此基础上，还要精细化评估人们的感受和体验，在市场创造、市场发现、品牌塑造、信息分发、触及渠道和关系维护上持续迭代。

从供给侧看，"一墩难求"展现出文创商品开发的新进展。成功的文创产品开发，必然要求产出模式有创新，能够有效地强化特色资源优势，以创意设计呈现文化内涵，整合创意设计、品牌授权、生产制造等各类社会力量，从而有效提升文创产品的开发水平和市场价值。

以"冰墩墩"的熊猫＋冰壳造型为例，在资源选择上，聚焦人们熟知喜爱的大熊猫，在外观可爱和内心温暖上融为一体。熊猫面部环绕五环颜色的

"冰丝带"，酷似身穿科技外衣的航天员，既和冰雪运动相关，又充满了科技感和未来感。

从目前情况看，北京冬奥会的文创产品不仅在比赛期间大卖，在冬奥会以后也能继续获得人们的认同和喜爱，有更强的持续性。这意味着文创产品商业模式的不断进化和超越。北京冬奥会是在全球范围内疫情尚未根本消解的条件下举办的，与以往的文创商品推广环境有较大区别，其国际影响将在赛后时间陆续显现，商业潜力也还有更多释放空间。当然，与之并存的是缺乏经验借鉴，需要承担更大的风险，付出更多的努力。同时，北京冬奥会 IP 与产业的结合还需要更多探索，特别是在故事讲述、技术引入和商业化落地等方面。比如，北京冬奥会元宇宙的创造和丰富，就是一个值得探索的方向。可以将冬奥会文创 IP 塑造强化和冰雪旅游产品开发、冰雪旅游目的地建设和公共服务优化结合起来，为疫后入境旅游恢复发展做好准备。

当然，北京冬奥会对中国话语传播的启示并不仅限于文创产品的开发和推广。

一是从文明交流互鉴的高度审视高质量的国际旅游交流与合作。中国梦既是中国人民追求幸福的梦，也同世界人民的梦想息息相通。中国将在实现中国梦的过程中，同世界各国一道，推动各国人民更好实现自己的梦想。中国举办冬奥会，开展冬奥与旅游融合的国际交流合作，就是在实现自己冬奥梦的同时，推动各国人民实现自己的冬奥梦，推动构建人类命运共同体。

应该看到，奥林匹克和旅游有着共同的特质：和平、团结和进步。这些特质支持和呼唤着在国际旅游交流与合作中更好地利用冬奥遗产，更好地推动文明交流互鉴。既以各自方式演绎"更快、更高、更强、更团结"，又在面临困难时发扬"勇气、决心、激励、平等"；既各美其美，美美与共，又在对共同的未来期许下，坚守和平、发展、公平、正义、民主、自由的全人类共同价值。因此，无论是入出境旅游发展，还是深化"一带一路"国际旅游合作，积极参与全球旅游治理体系改革和建设，高质量开展国际旅游交流合作，都需要协同共进、携手向前，以"更团结"的姿态，"一起向未来"。

二是国际旅游交流与合作，要从更多参与者的所思所想中唤醒共情的力量。换位思考是共情，从其他国家地区和相关参与者的历史、场景等约束条件中感受和体验他们的梦想和奋斗、悲伤和快乐，也是共情。主动地、有意识地关注和觉察国际旅游交流与合作的一切因素，对身处其中的伙伴将心比心，站在他们的立场上，用超越国界、直击心灵的诚挚交流打动人心。这不仅需要情绪共鸣，也要有随之而来的理念更新和行动落地，尽可能地释放共情的力量。

三是国际旅游交流与合作，必须建立在文化自信基础上，并且能够持续强化文化自信。文化自信是可持续的国际旅游交流与合作的前提，有强大的文化自信，才能以美为媒，才能更好地以旅游通心，并以此沟通世界。北京冬奥会的成功举办，就是在中华优秀传统文化的指引和浸润下，以雍容大度和开放包容的姿态，通过文化的创造性转化和创新性发展，自觉展现极具吸引力的中国气派和中国风格，唤起世界的关注、认可和进一步交流合作的渴望。例如，北京冬奥会会徽"冬梦"，就根植于中国书法艺术，又推陈出新，获得了世界的广泛认同，也为未来的交流合作提供了良好的认知条件。同样，以旅彰文也体现得更为真切。真正的文化自信需要在与以国际旅游交流与合作为载体的文化交流中得到确证。在国际旅游交流与合作中，充分发挥旅游的独特优势，吸纳和挖掘特色资源潜力，加强以增强文化自信为目标的产品和服务供给能力建设，推动实现文化内涵、价值观念和时代精神的国际表达，充分呈现中华文化和谐、和善、和平、和美的独特魅力。从这个意义上看，未来要进一步推动以文塑旅、以旅彰文工作。无论是做好市场调查，打造适合境外游客的入境旅游产品、线路和服务，还是加大境外旅游宣传推广力度，统筹用好驻外文化和旅游机构力量，均应如此。

四是国际旅游交流与合作是一个系统工程。北京冬奥会的成功举办，就是对"一刻也不能停，一步也不能错，一天也误不起"的生动诠释。面临复杂多变形势，国际旅游交流与合作也需要尽力而为，持续做好各方面工作。即使在受疫情严重影响下，一刻也不能停。从新技术和新媒体赋能，到目的地建设和产品开发支撑；从中外文化和旅游合作机制完善到双边、多边务实合作深化；从国际组织相关规则参与制订到中国方案、中国经验、中国智慧宣传推广；从"丝绸之路"文化之旅品牌培育到亚洲旅游促进计划稳步推进……所有这些工作，都要求精心策划设计和周密执行。

第四节 从进博会和服博会看中国话语传播

我国在新冠肺炎疫情阴霾未散，世界范围内，多边主义、保护主义抬头，经济全球化遭遇逆流，国际旅游交流与合作经受严峻考验的关键节点坚持连续举办中国国际进口博览会（以下简称进博会），有力地推动了中国话语传播。

通过进博会，强调中国扩大高水平开放的决心不会变，同世界分享发展机遇的决心不会变，推动经济全球化朝着更加开放、包容、普惠、平衡、共赢方向发展的决心不会变，"三个不会变"意味着拥有14亿多人口和4亿以上中等收入群体的中国将坚定不移地同世界共享市场机遇。不仅表现了中国与国际社会着眼未来、携手前行、克服困难的努力，也展示了中国疫情防控和复工复产的成就，表达了中国扩大开放的坚定信心，将"开放、包容、普惠、共赢"的信号传递给世界，也向世界旅游业界传递了更多的信心和希望。

进博会本身就是国内国际双循环相互促进的生动展现，作为世界上第一个以进口为主题的大型国家级展会，进博会的举办旨在坚定支持贸易自由化和经济全球化，主动向世界开放市场。进博会的举办意味着我国支持出境旅游和入境旅游发展的态度没有改变。

进博会在全球范围内汇集了高质量的旅游产品和服务，推动了这些旅游产品和服务供给侧和需求侧的高质量匹配，所涵盖的国际采购、投资促进、人文交流、开放合作四大平台，已经成为全球共享的国际公共产品。这里既有境外旅游目的地和相关市场主体的积极参与，也有境内目的地和相关市场主体的踊跃行动。境内境外有频密的线上交流，也有形式多样、生动活泼的线下活动。展示、推介、互动、体验等多种方式并举，更多依托科技创新的产品服务和交流合作方式的普遍出现。

党的十九届五中全会提出了"十四五"时期经济社会发展主要目标，其中包括：社会文明程度得到新提高，社会主义核心价值观深入人心，人民思想道德素质、科学文化素质和身心健康素质明显提高，公共文化服务体系和文化产业体系更加健全，人民精神文化生活日益丰富，中华文化影响力进一步提升，中华民族凝聚力进一步增强。这要求我们以讲好中国故事为着力点，创新推进国际传播，加强对外文化交流和多层次文明对话，推动中华文化在同世界各国文化交流互鉴中扩大影响力、增强时代性。无论是目的地建设，产品开发，还是包括市场推广在内的对外文化交流和文明对话，基本要求都是更高质量，重要途径都是文旅融合。

随着人类命运共同体理念在这些交流合作中日益深入人心，以合作共赢、合作共担与合作共治为特征的共同开放意味着文化和旅游领域需要更高水平、更高质量的国际交流合作，与之相关的旅游便利化、贸易和投资自由化、便利化将有更多的作为空间。

进博会的重要特征是聚焦能力培育，聚集"众行者"，既吸引、服务和培育旅游领域的采购商，又吸引、服务和培育旅游领域的供应商。持续开放的中国正在提振世界的信心。进博会"看得见""摸得到""学得会""留得住""传得开"的平台效应，也一定会促进旅游领域形成更多开放合作的共识。许多中国旅游目的地抓住参加进博会的机会，积极展示当地资源和形象。如山东省推介"好客山东"品牌，并在展馆搭建起山东老字号暨非遗体验馆，集中展示山东的优秀文化和文创产品。

国家展是进博会的重要组成部分，也是出境旅游目的地的重要展示平台。尽管新冠肺炎疫情持续蔓延，参展面临经费等条件的约束，进博会依然有数十个国家和地区积极创造条件参展，即使线下有困难也要积极在线上参展。他们采用虚拟现实、三维建模等技术手段，努力向中国游客和旅游商展现出极具魅力的一面。希望在，互动在，信心在。世界旅游复苏的信心蕴含在精心策划和布展里，传递在努力维系的主客互动中。

在构建新发展格局的背景下，进博会承载的意义将会越来越强化。人类命运共同体的理念在此生动展现，开放、包容、普惠、平衡、共赢在其中得到生动体现。中国旅游市场是世界的市场、是共享的市场，是越来越开放的市场，也是平衡和共赢的市场，特别是入境旅游和出境旅游。通过讲述中国故事，希望更多游客到中国看一看，近距离体验中国人民的奋斗成果和美好生活。进博会成为联通中外的重要平台，在此可以讲述中国故事，展现中国智慧，提供有吸引力的中国方案。

进博会的连续成功举办，正在用越来越大的影响力印证"中国开放的大门只会越开越大"的庄严承诺。进博会已经成为值得信赖、全球共享的国际公共产品，充分发挥了国际采购、投资促进、人文交流和开放合作的功能，这在旅游交流与合作领域表现得尤为突出。

因此，在未来立足国内大循环，发挥比较优势，协同推进强大国内市场和贸易强国建设过程中，要树立和强化信心，创新文化和旅游融合模式，在开放中创造机遇，在合作中破解难题。在坚持交流互鉴过程中要善于总结国内旅游发展经验，发挥引领作用，以讲好中国故事为着力点，将国内旅游等领域涌现出的新业态、新模式和新经验更多地传递给世界。同时，积极提升入境旅游和出境旅游竞争力，发挥入境旅游和出境旅游影响力，以文旅高质量融合发展加强对外文化交流和多层次文明对话。

中国（北京）国际服务贸易交易会（以下简称服贸会）是我国话语成功传播的又一案例。

旅游及旅行相关服务是全球服务贸易的重要组成部分，也是全球服务贸易增长的重要推动力量。服贸会是全球服务贸易领域规模最大的综合性展会，是展示包括旅游服务在内的"中国服务"的重要窗口和平台。2021年9月2日至7日，以"数字开启未来，服务促进发展"为主题的2021年中国国际服务贸易交易会在北京举行。

高水平开放和高质量发展是服贸会的关键词，服贸会展示的内容，特别是政策创新部分，事实上形成了旅游国际话语权建设的重要支撑。从在全国推进实施跨境服务贸易负面清单，探索建设国家服务贸易创新发展示范区，到扩大合作空间，加大对共建"一带一路"国家服务业发展的支持；从加强服务领域规则建设，支持北京等地开展国际高水平自由贸易协定规则对接先行先试，打造数字贸易示范区，到继续支持中小企业创新发展，深化新三板改革，设立北京证券交易所，打造服务创新型中小企业主阵地，都是如此。

服贸会向世界传递的信息表明，中国未来要继续加强服务领域规则建设，支持北京等地开展国际高水平自由贸易协定规则对接先行先试。

未来，不仅要关注旅游及旅行相关服务以及娱乐文化与体育服务等领域的规则建设，还要考虑文化和旅游与其他领域的互补和联动，用开放融合的视角看待和构建新规则。不仅借鉴商业服务、通信服务、建筑及相关工程服务、金融服务、运输服务、健康与社会服务、教育服务、分销服务和环境服务等领域规则建设和规则对接的经验，还要将文化和旅游领域的规则建设特点和诉求与相关领域对接，力求在更高层面上形成规则制定和对接的合力。

在数字贸易示范区建设上，探索做好文化服务供给的数字化改造和产品数字化交付，推动用数字化手段做好与入出境旅游相关的疫情监测、排查和预警等工作。推动解决国际健康码互认等问题，巩固疫情防控成果。引导和规范市场主体建立和完善符合跨境运营和接待实际情况的数字化疫情防控模块，覆盖行前检测、行中监控排查、行后跟踪和应急善后等基本场景，以及与机场港口、口岸联检、医疗机构、酒店等协同行动的应急响应预案。在此基础上，合理应用包括分布式计算技术、三维可视化技术、虚拟现实技术、数据挖掘和数据融合技术、宽带网络技术、云计算技术和服务导向框架等技术在内的先进技术，构建和优化覆盖文化和旅游领域，贯穿服务提供全过程，并且能够持续迭代的先进数字化体系和与之相适应的管理政策体系。

第十章

培育文化和旅游领域具有国际视野的高水平智库

第一节　培育智库的理论创新能力和系统性政策供给能力

也就是提升智库用中国理论和中国话语体系阐释、指导、预测中国文化和旅游实践以及相关国际实践的能力。推动涵盖文化、旅游、外交与安全理论的互动创新。以加强国别、区域研究和全球治理研究为基础，尽快实现相关理论突破，加快文化和旅游交流合作理论、传播理论、全球治理理论的理论创新。逐步掌握对国际议程、他国问题的发言权、阐释权和预测能力，打破西方发达国家在这一领域的理论和话语垄断。

在实现国别、区域、细分行业和相关领域全覆盖的基础上，支持智库重点加大对周边国家、"一带一路"沿线国家和发展中国家研究的支持和投入。不仅注重文化和旅游领域的研究，也需加强政治、经济、社会、科技、宗教等领域的研究，不断推进国别、区域研究的多学科整合和田野调查，注重与大数据、人工智能等先进技术融合，提升政策供给的科学化水平和预测能力。同时加强对他国政策需求的回应，影响范围要从发展中国家向发达国家拓展。加强中国对发展中国家在文化和旅游等领域的经验分享的研究。在继续强化文化和旅游领域现有重要国际组织、重要议题研究的同时，重视对新兴文化和旅游国际组织、机制和议题特别是中国主导创设的组织、机制的研究。比如世界旅游联盟（WTA）和世界旅游城市联合会（WTCF）等的研究。并拓展对一般性国际组织、议题的研究，加强国际发展援助研究。

高水平既体现在处理国际议题的能力上，也体现在主动设计国际议题的能力上。建议构建丰富的国际议题案例库，常态化举办与国际形势和行业实际密切结合，形式多样的新议题实战模拟演习，提高智库对新资源的提取和整合能力，激发智库主动制造议题的积极性。

第二节　提升智库的政策评估能力

智库应逐步建立本国以及他国国际文化和旅游重要政策领域的数据、指标体系、民意测验及评估体系，逐步掌握评估标准与评估体系的制定权，掌握智库评价话语权。建立有国际公信力和影响力的国际智库评价体系和中国标准，打破西方国家对国际评价的标准垄断和话语垄断，掌握政策评估话语权。

习近平总书记在 2013 年 12 月 30 日中共中央政治局第十二次集体学习时提出，"要增强对外话语的感召力、创造力、公信力"，[①] 这为我们衡量讲好中国故事的传播效果指明了方向。"文化感召力、文化创造力、文化公信力"是共享性的国际话语具有的特点，能够在国际社会引起广泛认同，据此，要以"传统中国古老文明的文化感召力，现代中国现代化发展过程中的文化创造力，和全球中国在国际治理中的文化公信力"为评价指标，积极主动地构建中国好故事传播指数、中国旅游发展指数、中国旅游的国际贡献指数和中国旅游领域市场主体创新指数等。

中国国际话语权的构建涉及话语的产生、话语的传播、话语的成效反馈等一系列过程，应该要重视传播效果对现实的反馈，包括传播前的评估和传播后的评价。成效标准评价的考量应该是多层次、全方位的，包括传播的内容是否合理规范、有吸引力、有特色，传播主体是否进行多方面的分析与思考，传播媒介是否利用好，传播对象是否愿意接受等层面。话语传播的量化考核可以认清当前存在的不足以及优点。关注各种不确定性因素影响，构建动态、灵活的国际话语传播监测系统，实时追踪、计量和调整。

---

① 习近平 2013 年 12 月 30 日在十八届中央政治局第十二次集体学习时的讲话［EB/OL］．［2017－12－30］．http：//www. qstheory. cn/zhuanqu/2021－06/02/c_1127522717. htm.

第三节　提升平台创造和舆论供给能力

提升智库的平台创造能力，鼓励智库打造对接国内国外，且具有广泛国际影响的文化和旅游对话平台。提升智库与本国政府政策对话平台的质量，着力解决政策需求与研究供给信息不对称问题，避免交流平台低水平重复建设，打造具有较高政策对话水平和广泛影响的高端对话品牌。畅通中国智库与外国政府间的对话渠道，加强智库与本国、外国市场主体和社会力量的对话平台建设。议题领域要将文化和旅游领域与更广泛的全球治理议题领域拓展联系起来，通过高水平多边对话机制建设增强中国在全球和区域治理中的议程设置能力和话语权。提升国内舆论供给能力与提升国际舆论供给能力并行。一方面，巩固智库在国内文化和旅游领域舆论塑造中的主导权，提升智库在互联网和新媒体舆论生态中的传播能力和技巧，提升智库在大众媒体中开展外交政策辩论、反映诉求的能力和技巧；另一方面，提升智库在国际舆论供给能力。大力提升智库在国际主流媒体发声的能力和水平，特别是与外国官员、学者进行公开政策辩论的能力，培养具有国际影响力和渗透力的舆论领袖。提升智库的国际舆论议程设置能力，改变当前被动回应、防御为主的状态，主动塑造议程、话题和话语。积极创新智库产品形式，利用短视频、纪录片、活动等更加灵活多样的形式来影响受众，形成与官方声音分工互补的格局。提升智库产品的外译和国际传播力，加强与中国自建国际媒体的合作。

智库话语权能力提升，离不开成熟的智库人才交流和成长机制为智库专家到文化和旅游实践部门和决策一线服务提供更多制度化渠道，也为政府官员到智库进修、挂职、任职提供更多额制度化渠道。积极与周边国家、"一带一路"沿线国家和广大发展中国家政府人员分享中国在文化和旅游领域的经验，扩大与发达国家政府人员在全球治理、国际制度、国际组织等方面的经验交流。推动政府的跨国联合研究，提升中国智库对有关文化和旅游双多边问题、国际问题的政策供给和理论供给的国际化程度，同时减少一些国家的猜疑和防范，提升政策供给的接受度和影响力。推动智库人才到相关国际组织任职，竞选重要岗位。鼓励高水平智库在境外设立分支机构或建立合作机构。探索与驻在国智库、高校和国际组织等共建境外机构的共赢模式，增强境外机构的国际化程度。

附录

以中国为主场的重要国际旅游活动或会议

一、世界旅游发展大会和世界旅游合作和发展大会

2016 年，世界旅游发展大会邀请了世界 143 个国家的旅游部长、部分国家政要、联合国等国际和地区性组织负责人，及国外旅游界专家学者，国内外参会总人数达 850 人，是旅游领域规格最高、代表性广泛，是在世界旅游发展领域中国举办的一次顶级盛会，在全球尚属首次。本次大会主题为"旅游促进和平与发展"，主要议题有三个：旅游促进发展、旅游促进扶贫、旅游促进和平。会议通过了《旅游促进发展北京宣言》。

世界旅游发展大会由世界旅游组织与中国政府联合主办，于 2016 年举办的首届世界旅游大会。自 2020 年起，诞生了由世界旅游城市联合会和联合国世界旅游组织合作主办的世界旅游合作和发展大会，到 2022 年已举办两届。

2020 年世界旅游合作与发展大会以"重启旅游 再创繁荣"为主题，发布了《新冠肺炎疫情影响下城市旅游业复苏与振兴行动指南》。会议分三大论题：一是旅游业推动世界经济振兴；二是疫情背景下旅游业的新常态；三是旅游投资—方向变革与产业重塑。世界旅游城市联合会邀请了 300 名全球旅游业代表。双方围绕"重建世界旅游业，共创繁荣"的主题，共同探讨了旅游业的复苏和振兴之路。

2021 年，由世界旅游城市联合会和北京市人民政府联合世界主要国际组织和旅游机构共同举办的"2021 世界旅游城市联合会北京香山旅游峰会暨 2021 世界旅游合作与发展大会"，在北京国家会议中心举行。北京香山旅游峰会暨 2021 世界旅游合作与发展大会的主题是"振兴世界旅游，助力城市发展"。活动深入分析了 COVID－19 大流行给世界旅游和旅游城市发展带来的新需求、新变化和新趋势，探索可持续发展的新机遇、新议程和新行动。后

疫情时代的世界旅游，为世界旅游的全面复苏提供了理念、技术和模式的支撑。

二、世界旅游联盟的"湘湖对话"

2018年，"湘湖对话"以"减贫与发展，世界旅游业的共同责任"为主题，发布了《2018世界旅游发展报告旅游促进减贫的全球进程与时代诉求》和《2018世界旅游联盟旅游减贫案例》两大报告。23个驻华使馆、24个境外旅游机构驻华办事处、53个世界旅游联盟境内外会员单位、世界银行、中国国际扶贫中心代表共170人。

2019年，"湘湖对话"以"旅行的增长与产业的变化"为主题，发布了《2019世界旅游发展报告——旅游促进减贫的产业植入和文化建设》《2019世界旅游联盟旅游减贫案例》、世界旅游联盟旅游减贫案例微纪录《旅游让世界和生活更美好》《2019世界旅游联盟中国入境旅游数据分析报告》等系列成果；举办了"目的地营销与大数据"和"科技进步与业态创新"平行论坛；联合媒体举办主题为"智慧文旅的创新与发展之路""旅游开发下的环境保护"和"5G商用元年，湘湖之上共话新时代下的旅游场景革命"三场媒体沙龙活动。

2020年，"湘湖对话"以"信心与变革 面向未来的旅游业"为主题，对话共设七个环节：一是多边主义下全球旅游业合作及治理创新；二是信心与变革全球旅游业发展趋势展望；三是面向未来—更负责任的旅游业；四是"新冠"疫情的挑战与行业的变化；五是产业变革与高质量发展；六是产业变革与创新发展；七是产业变革与教育成长。发布了《2020世界旅游联盟旅游减贫案例》《2020世界旅游发展报告—市场复苏的信心与产业变革的挑战》《国际旅游教育报告》系列成果。

2021年，世界旅游联盟发布研究成果，发布了《2021世界旅游联盟 旅游助力乡村振兴案例》，世界旅游联盟联合中国国际扶贫中心和世界银行开启旅游助力乡村振兴。通过向社会各界广泛征集了120个相关案例，提出四点建议，包括：一是建立"共建共治共享"的乡村治理机制，发挥多元主体作用；二是挖掘优秀的乡土文化和美学价值，开创文旅融合新场景；三是秉承低碳绿色、生态环保的理念，坚定不移地走绿色发展之路；四是筑巢引凤、重视人才，为乡村振兴蓄积内生动力。世界旅游联盟连续三年联合世界银行、中国国际扶贫中心共同发布《世界旅游联盟旅游减贫案例》，收录全球100个旅游减贫典型案例，其中89个为中国案例。以旅游减贫案例为蓝本，拍摄制作了旅游减贫案例微纪录《旅游让世界和生活更美好》两季共8集。世界旅游联盟通过联合国粮农组织、联合国世界旅游组织、CGTN中国国际电视台，以及国际论坛和国际交流交往活动等平台，向国际社会讲述中国旅游减贫故事，传递中国可持续发展理念，展示中国新农村建设成就，展现中国发展新面貌。

三、中国（郑州）国际旅游城市市长论坛

中国（郑州）世界旅游城市市长论坛是由联合国世界旅游组织、世界旅游及旅行理事会、亚太旅游协会、中国国家旅游局和河南省人民政府共同主办的国际性高端论坛，宗旨是汇集海内外知名旅游城市的市长，交流先进的城市旅游发展理念，相互借鉴城市旅游发展的成功经验，促进世界城市旅游的发展，构建和谐的国际社会。首届论坛于2008年永久中国郑州市举办，郑州市是其永久举办地，每两年举办一届，迄今已举办七届。首届论坛就有来自五大洲35个国家和地区的96个国外城市、126个国内旅游城市共222个城市市长或代表对话郑州，并通过了《郑州宣言》。

2010年6月，第二届中国（郑州）世界旅游城市市长论坛以"旅游—城市生活更美好"为主题，围绕"宜居+宜游——城市休闲度假目的地的建设与发展""旅游发展与打造和谐城市环境""特色旅游城市的塑造与发展"三个议题进行分步讨论。参加此届论坛的有来自21个国家的65个外国城市市长、副市长或驻华使馆官员，以及27个国内城市的市长、副市长。

2012年9月，以"旅游·城市活力之源"为主题的第三届中国（郑州）世界旅游城市市长论博览会暨产业洽谈会、世界旅游城市欢乐大巡游等配套活动，汇集世界旅游城市市长和国际旅游组织智慧，探索在全球经济危机背景下，如何发挥旅游业独有的辐射带动作用，通过发展旅游业加快经济复苏、推动城市产业转型和可持续发展。

2014年11月，第四届中国（郑州）世界旅游城市市长论坛以"旅游—城市发展软实力"为主题，其间举行了包括论坛开幕式暨联合国世界旅游组

织旅游可持续发展河南省观测站授牌仪式、郑州航空港经济综合实验区及河南旅游项目投资合作专题说明会、"河南风采"文化旅游体验、世界旅游城市风采秀在内的一系列活动。邀请了西班牙马德里、德国柏林等 24 个国家的 62 位旅游城市市长（省长）或市长代表，48 位友好省州代表近 300 人参加会议。同期，还举行以"智能城市 智慧旅游"为主题的世界旅游城市展示活动。

2016 年 5 月，第五届中国（郑州）世界旅游城市市长论坛以"旅游—城市互联互通的纽带"为主题，全面开展专项论坛、产品推介、项目签约、展示体验等活动。大会分主旨演讲、主题发言、主题讨论、专题讨论四个阶段，中外嘉宾围绕"'一带一路'旅游合作创新与发展""从旅游城市到城市旅游的蜕变与发展""旅游社会化背景下的城市文化传承""城市旅游便利化的产业构建与创新"等议题进行交流分享。大会通过了成果文件《国际旅游城市发展郑州共识》。论坛规模达 400 人，超过前四届。

2018 年 5 月，第六届中国（郑州）国际旅游城市市长论坛以"共享经济时代下的城市优质旅游"为主题，其间的"一带一路"的旅游城市市长峰会，为推进"一带一路"沿线国家和城市旅游资源整合开发、旅游市场互动共享提供了难得的机遇。论坛来自近 30 个国家、国内外 100 多个旅游城市的市长或代表相聚一堂，共商合作发展。

2021 年 4 月，第七届中国（郑州）国际旅游城市市长论坛由文化和旅游部、河南省政府主办，由联合国世界旅游组织、联合国工业发展组织投资和技术促进办公室、世界旅游联盟、亚太旅游协会、中国旅游研究院支持，以"市场繁荣、科技创新提升城市旅游竞争力"为主题，论坛举办了旅游城市峰会、五个旅游专题研讨会、国际旅游城市线上旅交会等多项活动，并公开分享《2021 世界旅游城市蓝皮书》《国际旅游城市游客满意度调查报告》等四个重要旅游数据发布。桂林国际旅游会议——第十五届联合国旅游组织/亚太旅游协会旅游趋势与展望国际论坛和"一带一路"与旅游发展国际会议。

四、中国国际旅游交易会（CITM）

中国国际旅游交易会是亚洲地区最大规模的专业旅游交易会，由国家文化和旅游部，中国民用航空局共同主办。自 1998 年举办第一届以来（1999

年停办），截至 2021 年已经举办了 24 届；自 2001 年起，中国国际旅游交易会分别在上海和昆明交替举办。作为亚洲地区最大、也是价格最为优惠的国际旅游专业交易会，CITM 将使各界参展人士取得很大收获：会见众多买家代表，建立广泛业务联系；参加围绕热门话题开办的研讨会和讲座，追踪国际旅游业的发展趋势和动向；举办新闻发布会或艺术表演，充分展示您的旅游产品；各国参展机构可举办各种促销活动，介绍本国旅游资源，以获得最大的商业机会。设有由全球 15 个知名媒体机构共同发起的媒体分会，目前已发展为 38 个。

五、北京国际旅游博览会（BITE）

北京国际旅游博览会由北京市文化和旅游局主办，创办于 2004 年，每一年举办一届，截至 2022 年已举办了十七届，每届均吸引 40 多个国家和地区、国内 20 余个省区市的近千家参展商，同期举办各类论坛、主题推介活动几十场，展会现场销售额最高超 4000 万元，每届达成意向金额近十亿元。是国内外旅游行业中专业性强、参与面广、影响力大、收效明显的一流展会。深受国际、国内旅游业界的广泛赞誉，成为国内外旅游业重要的交流交易平台，是中国旅游业推广旅游资源和旅游产品、促进旅游消费的重要交流交易平台。

北京国际旅游博览会从第一届的 1.1 万平方米，展位 400 多个，50 个国家和地区、国内 21 个省区市参展商参加，发展到面积约 3 万平方米，985 家参展商，81 个国家和地区、27 个国内省市参加的旅游盛会。参展企业类型有国内外旅游机构、中国各地方旅游局、旅游推广行业协会、旅行社、酒店、景区、航空公司、旅游车船公司、度假村、旅游房产公司、运动休闲娱乐场所、旅游商品、旅游相关行业、中医药相关单位、旅游新闻媒体等其他相关旅游企事业单位。博览会通过展览展示、信息交流、商务洽谈、产品展卖等环节，促进交流合作，提升产业水平，增强旅游交易，创建了一个推动北京旅游发展的国际交流平台。

2012 年第九届北京国际旅游博览会来自 80 个国家和地区、国内 25 个省区市的 929 家参展商和 220 个特邀买家参加，展出面积达 3 万平方米。除旅游机构展区、旅行社展卖展区、港澳台展区、国际展区外，新增旅游婚庆展区、酒店展卖展区、智慧旅游展区、户外用品及综合展区等八大主题展示区域。

2013 年 6 月，第十届北京国际旅游博览会在国家会议中心开幕，博览会以"交流、合作、发展、共赢"为主题，以推动国际间、区域间旅游合作为宗旨，在展览内容上增加了北京旅游商品展区和智慧旅游展区，使展会内容更加丰富和多元。在 35000 平方米的展厅内，来自 81 个国家和地区、国内 26 个省区市的 887 家旅游机构、旅游企业和买家云集北京。

2014 年，第十一届北京国际旅游博览会由来自 81 个国家和地区、国内 27 个省区市的 985 家参展商及特邀买家参加，展出面积达 22000 平方米。近 4 万人次的专业观众和 7 万人次的普通观众观展，成交额约 53 亿元，同比增长达 11% 为北京带来直接消费 6300 万元，同比增长达 29%。

2015 年，第十二届北京国际旅游博览会（简称"BITE"）。展会将秉承 2014 北京国际旅游博览会"交流、合作、发展、共赢"为主题，以推动国际间、区域间旅游合作为宗旨，积极创新，拓展内涵。博览会注重专业交易，强化现场展卖，拥有了完善的买家邀约渠道，除了继续邀请的国内外特邀买家，还将重点邀请国内各省市的当地组团社作为买家，与国内外、尤其是国内参展企业进行有效洽谈。组织北京组团旅行社、主题公园、演出团体、剧院、饭店、景区等著名旅游企业在现场特价销售旅游产品，还将协调外省市区旅游机构与北京组团社合作，联合推出具有特色的旅游产品。在宣传力度和宣传方式上都有了全新的突破。不仅保留了电视、广播、报纸杂志、等传统媒体的宣传攻势，加大在网络上的宣传力度，更利用了流行的微博、微信等新兴的宣传方式推广，除了线上推广，本届旅博会在地铁、公交等人流密集地区设立硬广，增加广告投放力度。

2016 年第十三届北京国际旅游博览会在全国农业展览馆举行，来自 81 多个国家和地区、国内 24 个省区市的近千家参展商及特邀买家参加，展出面积达 22000 平方米，共组织专场推介活动 50 余场，3.5 万余名专业观众，达成合作意向金额约 59 亿元，同比增长 5.4%。公众日人气"爆棚"，前来参观采购的公众达 12 万人次，参与现场售卖活动的 19 家组团社收单约 3.3 万人次，共销售旅游产品 9300 万元，同比增长 12%。此次博览会以"交流、合作、发展、共赢"为主题，以推动国际间、区域间旅游合作为宗旨，为国内外旅游业界人士交流搭建广阔平台，成为专业的旅游博览会名片。

2017 年，第十四届北京国际旅游博览会有来自 80 余个国家和地区、国内 28 个省区市以及旅游行业的逾千家参展商和特邀买家参展，共组织买家洽谈会、研讨会、专场推介活动 3600 余场次，3 万余名专业观众、13 万名社会公众参与，达成合作意向金额约 63 亿元，同比增长 6.8%。展会加大国际买家邀请力度，邀请了来自欧洲、北美等北京主要入境旅游客源地的 100 余位国际买家参展。其间，举办了国际买家与国内参展商专场洽谈会，为国际买家和国内展商搭建达成快速、实质性交易的平台。举办了促进入境旅游研讨会，分析入境旅游相关政策。其间，俄罗斯联邦旅游局、捷克旅游局、泰国旅游局、海南省旅发委、青海玉树参展团等举办了多场具有浓郁民族特色的旅游推介会和表演活动，吸引了众多专业观众和社会观众的广泛参与。

作为 2019 中国国际服务贸易交易会重要专业板块，由北京市文化和旅游局主办的 2019 北京国际旅游博览会于 6 月在国家会议中心开幕，来自 80 余个国家和地区、国内部分省市的近千家旅游机构、旅游企业和特邀买家参展。展会面积 2.2 万平方米，400 余家国内外参展商集中展示丰富多彩、特色鲜明的文化和旅游资源，同时带来几十场主题推介和表演活动。国内各大品牌旅游企业推出数百条品质有保障、价格优惠的旅游线路产品。展会进一步拓展欧洲市场，法国、爱尔兰、保加利亚、斯洛伐克、马耳他等国家首次参展，为专业观众和买家带来新的渠道和产品；进一步优化国际买家质量，邀请了来自 65 个国家的 120 余名国际买家，其中大部分来自欧洲、北美洲、澳洲等主要入境客源国家，为参展商提供更为广阔的合作渠道和商机。

六、舟山国际海岛会议（IITCZS）

2015 年 10 月，国际海岛旅游大会由原国家旅游局、浙江省人民政府主办，浙江省旅游局、舟山市人民政府承办，阿里巴巴集团为特别合作方，世界旅游组织、亚太旅游协会为特别支持方的首届国际海岛旅游大会在浙江舟山朱家尖岛举行。大会以"互联海上丝路、共享海岛发展"为主题，旨在落实 21 世纪海上丝绸之路国家战略，加强国际旅游组织、机构之间的合作，打造国际互通互联旅游产品展示交易平台。大会包含 16 项活动，"8＋8 项"主体活动和配套活动，主题活动包括世界海岛旅游大会开幕式、世界海岛旅游论坛、世界海岛旅游产品专卖会、2015 国际（浙江）旅游重大项目投资洽谈会暨民宿高峰论坛、2015 国际旅游度假目的地创新发展论坛、大会闭幕式、舟山群岛海岛民宿设计创意大赛、"中国公民最喜爱的世界海岛旅游目的地"评选活动。8 项配套活动包括东海音乐节、中国舟山国际沙雕节、舟山群岛海鲜美食节、"中国好空气"舟山群岛海岛骑行大会、"最美·海岛掠影"世界海岛旅游摄影展、舟山港保税区进口商品购物嘉年华暨国际海岛城市日活动、中国·舟山群岛国际马拉松、2015 中国·岱山国际海岛运动风筝邀请赛暨全国风筝锦标赛。出席大会的有联合国世界旅游组织、亚太旅游协会、香草群岛联盟等国际旅游组织，美国、澳大利亚、希腊、马尔代夫、塞舌尔等 25 个海岛国家、地区，30 个海岛城市，45 个代表团，其中海岛国家旅游部长 6 人，海岛城市市长 22 人，以及国际旅行商、邮轮公司、航空公司、度假酒店集团、旅游投资商、旅游研究机构等 1000 余名中外嘉宾参会。

2017 年 9 月，第二届国际海岛旅游大会由原国家旅游局和浙江省人民政府主办，浙江省旅游局和舟山市人民政府承办，大会以"海岛愿景：新丝路 新机遇 新旅程"为主题，对接"一带一路"倡议，探索建立新型友好合作关系，促进对外开放、经贸合作、海洋文化文流等，打造旅游及相关产业资讯互通、客源互送、合作互助的共商共建共享共赢大平台，扩大舟山乃至浙江省的国际影响力。大会围绕"海岛开发与保护"的多个关键问题展开议题讨论，包括："一带一路"国际海岛旅游发展、"海岛开发与可持续发展""海岛旅游投资方向""旅游产业及大数据共享"等。大会还连续两年发布了《世界海岛旅游发展报告》，形成《世界海岛旅游发展舟山群岛共识》，强化舟山乃至浙江在国际海岛旅游业界的地位，树立了海岛旅游产业标杆。本届大会共组织了 12 项主体活动和 4 项配套活动，包括国际海岛旅游大会开幕式、"一带一路"国际海岛旅游发展舟山论坛、2017 国际海岛旅游博览会、国际海岛旅游发展论坛暨浙江省旅游业投融资促进大会、国际旅游投资与海岛发展论坛、"数说海岛"旅游产业及大数据共享论坛、"航空＋旅游"圆桌会议、全国游艇旅游发展研讨会、国际精品海岛体验游、"世界海岛·Family"

舟山国际邮轮嘉年华和"在海上相遇"——缘起舟山激情月等。会议聚焦海岛游产业发展与海岛保护，汇聚旅行社、OTA、航空、度假酒店、旅游机构和旅游投资机构等几百余名中外嘉宾。

2019 年，第三届国际海岛旅游大会在舟山国际会议中心举行，大会以"新海岛、新场景、新动能"为主题，从大文旅格局出发，以海洋全产业链布局视角，围绕系统化剖析融合大势已定的海岛旅游产业，前瞻未来趋势。来自各地政府、文旅部门、风险投资、产业基金、金融机构、地产集团、路演项目方、文旅创业者、目的地项目运营机构、行业研究机构及协会、文旅服务机构及海岛全产业链相关机构等多领域的代表参会。在大会开幕式上，超过 20 个涉及海岛及文旅等领域的项目，签订合作框架协议或正式投资协议等，包括浙江海岛公园投资项目 10 个、舟山文旅体项目 6 个、国际国内合作项目 5 个，项目总投资约 495.57 亿元人民币。

七、其他重要的会议和活动

2021 年 10 月，第十五届联合国世界旅游组织/亚太旅游协会旅游趋势与展望国际论坛于桂林举办，来自世界各地的旅游行业精英与相关学者、政府官员一同分享旅游与乡村协同发展的例子和经验。此次论坛的主题是"旅游与乡村发展"，四组对于"将旅游业作为农村发展政策的战略支柱""旅游业和农村发展的新机遇：可持续、创新和技术""通过旅游发展乡村：旅游教育视觉与展望""桂林入境近程客源市场研究"进行讨论。

2019 年 10 月，第二届"一带一路"与旅游发展国际会议发布了《"一带一路"与旅游发展国际会议桂林宣言》呼吁在促进"一带一路"建设中充分发挥旅游先联先通的优势，共同推进"一带一路"沿线国家与地区旅游及旅游教育的交流互鉴，以此促进区域合作发展。会议以"发展、市场、可持续性、重点'是有影响力的教育'"为主题，聚集了来自印度尼西亚、马来西亚、泰国、越南、乌兹别克斯坦、韩国、英国、中国香港等 100 余位专家学者，围绕"发展、市场、可持续性"的会议主题共同探讨"一带一路"倡议下加快旅游协同发展的相关话题，特别设立中外青年旅游学者论坛，为各界参与"一带一路"沿线旅游发展务实合作搭建多元的交流平台。

发挥独特作用的"旅游年"

一、中国—韩国旅游年

中韩友好交往历史源远流长，中韩互办"旅游年"活动，是两国元首着眼于两国关系大局共同做出的重要决定。习近平主席访韩时，两国商定将2015年和2016年分别确定为"中国旅游年"和"韩国旅游年"，并设定了到2016年实现两国人员往来达到1000万人次的目标。旨在加强中韩人文纽带、促进人员互访，夯实两国友好的民意基础。在双方共同努力下，2015"中国旅游年"活动取得丰硕成果，中韩人员往来规模持续扩大。

习近平主席与韩国时任总统为"韩国旅游年"开幕式发来贺词，体现了两国领导人对发展中韩友好事业的高度重视和共同期许。为落实两国领导人的重要共识，2015年中方在韩国成功举办了"中国旅游年"，开展了120多项丰富多彩的旅游交流活动。2015年，中国接待韩国游客444万人次，同比增长6.3%；同时，中国旅客给韩国带来了220亿美元的综合经济效益，约占韩国GDP的1.6%。旅游已成为两国关系中的一大亮点，成为两国人民加强沟通、增进情感、传承友谊的重要纽带。韩国"中国旅游年"与"美丽中国——2015'丝绸之路'旅游年"发挥了合力。"中国旅游年"期间，中方举办了110多项旅游交流活动，主要包括邀请百名韩国旅游记者来华采访报道、百名韩国旅行商来华考察旅游产品、在韩主要媒体和有影响力的门户网站播放"中国旅游年"特别宣传片和广告、举办"韩国人看中国"摄影作品展等。

二、中国—印度旅游年

2015年，在中国举办的"印度旅游年"活动在北京正式拉开帷幕，标志着为期两年的中印互办国家旅游年活动正式开始，这是世界人口最多的两个大国启动的前所未有的国家级旅游推广。旅游年期间，双方举办中印旅游交流论坛、相互参加两国旅游展览、举行旅游宣传促销等系列交流活动。双方联合打造一批旅游产品和线路，并以举办旅游年为契机，简化签证手续，增加两国主要城市间直航航班，支持相互旅游投资。

在召开中印旅游部长对话会议，双方相互支持旅游宣传推介，在媒体资源、广告渠道、展会平台、旅行商邀请等方面互利共享；积极开发适合对方游客消费需求的观光、度假及医疗、体育等特色旅游产品，支持企业到对方国家投资旅游景区景点、酒店餐馆、旅游大巴等；共同提升旅游服务水平，中方愿支持和协助印方增加中文导游、中文标识、中式餐饮等；加强旅游安全保障，及时沟通信息，开展旅游保险和救援救助合作，有效保障游客生命财产安全；共同推动旅游签证、旅游航空等便利化，让两国游客互访更便利。

2016 年，中华人民共和国国家主席习近平向在印度新德里举办的"中国旅游年"开幕式发来贺词。习近平主席指出，互办旅游年是 2014 年他访问印度期间与莫迪总理共同确定的。希望双方再接再厉，以在印度举办"中国旅游年"为契机，扩大文化交流和人员往来，为构建中印更加紧密的发展伙伴关系注入更多活力。习近平主席的贺词表达了对中印旅游交流的亲切关怀，体现了对加强中印两国务实合作、深化人民友好的殷切希望，旅游正成为中印两国人民友好交流的特殊纽带。2015 年，中印双向交流人数已达 90 万人次，未来发展潜力和空间巨大。通过努力，2016 年中印双向旅游交流人数有望突破百万人次。

三、中国—俄罗斯旅游年

中俄互办"旅游年"是中俄两国领导人于 2010 年 9 月共同宣布的。经中俄双方商定，2012 年首先在中国举办"俄罗斯旅游年"，2013 年在俄罗斯举办"中国旅游年"。2012 年，中国"俄罗斯旅游年"不仅带来了新的旅游路线，更促进了两国居民近距离的交流和互动。2012 年上半年，来俄旅游的中国游客达到 11.3 万人，较 2011 年同期增加了 43%，截至 10 月底，已在中国和俄罗斯境内举办了 100 余场活动，涵盖了旅游、文化、美术、音乐、舞蹈、青年、体育、教育等众多领域。其中，参与性强、影响力大的活动包括"中俄旅游合作论坛""北京—莫斯科 2012 汽车自驾游""中俄旅游年全国徒步露营大会""中国俄罗斯电影文化周""中俄大学校长高校教育科研合作论坛"。俄罗斯各州在中国举办了各种旅游资源推介会，中俄友好城市之间也开展了一系列交流互动活动。

应北京市政府的邀请，50个俄罗斯家庭来到北京，与50个中国普通居民家庭同吃同住同游，感受中国文化，共度中秋、国庆佳节。这次活动已成为迄今为止中俄两国间最大规模的民宿旅游交流活动。此外，由100位中国记者拍摄的100集旅游电视专题片《你好，俄罗斯》于8月登陆旅游卫视及其他电视媒体。旅游年期间，中国各大城市还举行了各类俄罗斯油画展、俄罗斯摄影图片展、俄罗斯舞蹈、声乐艺术团巡回演出等。

2012年，中国各地多家航空公司开通了从中国主要城市到俄罗斯的直飞航线，增加了赴俄罗斯的旅游包机航班，铁路系统开通了到俄罗斯的旅游专列，海关简化了中俄边境通关手续。

莫斯科大学300名学生应李克强的邀请在中国进行了研修活动。莫斯科大学的学生在四川、陕西和北京进行了访问考察，参观了文化历史古迹，聆听了中国文化报告，与中国多所大学学生联欢，与中国青年结下深厚友谊。

2012"俄罗斯旅游年"更是极大促进了两国在人文领域的交流与合作，拉近了拥有不同文化的两大邻国人民之间的距离。

四、中国—柬埔寨文化旅游年

2019年，第一届"中国—柬埔寨文化旅游年"在柬埔寨金边开幕，中国国务院总理李克强表示中柬传统友谊源远流长，彼此互为好邻居、好朋友、好伙伴、好兄弟。中柬两国都拥有悠久历史、灿烂文化和优美风光，吴哥古迹的壁画上刻有两国人民一千多年前友好交往的生动场景。双方以文化旅游年为契机，加强文化交流，扩大人员往来，促进文明互鉴和民心相通，为共建中柬命运共同体培育更为深厚的民意和社会基础。在开幕式，来自中国歌剧舞剧院、中央歌剧院、中国残疾人艺术团和柬埔寨王家舞团、柬埔寨杂技团的艺术家们联袂献上文艺演出。其间，双方举办了旅游推介和旅游业界洽谈活动。2019年中柬文化和旅游部门举办了贯穿全年的文化和旅游交流活动，借此促进两国文化交流、民心相通，鼓励两国旅游业合作转型升级，扩大人员往来规模。

五、中国—老挝旅游年

2019 年，"中国—老挝旅游年"在老挝万象开幕。2019 年举办了贯穿全年的旅游推介、论坛、培训、文艺演出、美食推介等交流与合作项目，为两国地方旅游主管部门和旅游企业搭建对话平台，推动双方共同设计旅游线路，打造老挝旅游品牌，促进中老双向旅游人数增长。2019 "中国—老挝旅游年"的成功举办落实习近平主席和老挝国家主席达成共识，增进两国人民相互了解和友谊，为构建中老具有战略意义的命运共同体注入活力。

六、中国—马来西亚文化旅游年

2020 年，"中国—马来西亚文化旅游年"在马来西亚吉隆坡开幕。中马文化和旅游部门举办了贯穿全年的文化和旅游交流活动。

七、中国—哈萨克旅游年

2017 年，举办了哈萨克斯坦—中国旅游年，这是中国在中亚国家举办的首个国家级旅游年。在旅游年框架下，中哈两国举办一系列形式多样、内容丰富的交流活动，为持续推动两国政治、经济、文化等领域合作注入新的动力，为发展两国友好关系进一步夯实了民意基础。

八、中国—太平洋岛国旅游年

2018 年，中国国家主席习近平同太平洋岛国领导人在巴布亚新几内亚举行集体会晤，一致同意将双方关系提升为相互尊重、共同发展的全面战略伙伴关系，开启了中国同岛国关系新篇章。2019 "中国—太平洋岛国旅游年"在萨摩亚首都阿皮亚开幕，国家主席习近平向开幕式致贺词。浙江、广东、广西等地方文化和旅游部门及中国旅游集团、携程、广之旅等旅游企业与 30 多家岛国旅游企业进行业务洽谈。

九、中国—文莱旅游年

2021 年，庆祝中文建交 30 周年暨"中国文莱旅游年"闭幕式活动以线上方式举行。新冠肺炎疫情发生后，两国在"新常态"下仍保持合作，通过

"线上"平台组织多项旅游年活动，并通过互联互通进一步提升合作水平。2019 年 4 月，习近平主席在北京与来访的文莱苏丹哈桑纳尔共同宣布 2020 年为"中国文莱旅游年"，双方将举办贯穿全年的展会、论坛、培训、世界文化遗产展示等活动。

十、中国—欧盟旅游年

2018 年"中国—欧盟旅游年"在意大利威尼斯开幕，中欧双方展开一系列推广活动；中国主题焰火节在比利时首都布鲁塞尔著名的"小欧洲"微缩景观公园举行，元宵节期间在布鲁塞尔大广场区域展出的川剧变脸彩灯。在有"欧洲心脏"之称的欧盟总部布鲁塞尔曾举办大型中国灯展，让欧洲民众感受到"花市灯如昼"的喜庆氛围。"中国—欧盟旅游年"灯桥点亮活动在武汉黄鹤楼主会场拉开帷幕，北京、天津、大连、上海、苏州等 18 座城市的 32 个标志性景区同时开展以"欧盟蓝"为主色的灯桥点亮活动。举办 2018 "中国—欧盟旅游年"是双方领导人从中欧关系战略高度和长远角度做出的重要安排。也是中欧旅游交流史上参与城市最多、覆盖范围最广的双向旅游推广活动。

十一、中国—希腊文化旅游年

2021 年，"中国希腊文化和旅游年"在雅典以视频形式举行开幕式，国务院总理李克强与希腊总理米佐塔基斯发表视频致辞，开幕式上，双方共同启动"平行时空：在希腊遇见兵马俑"数字展览。展览推出"全景之旅""真彩之美""科技之光"3 个主题网上展厅，在希腊国家考古博物馆主页和秦始皇帝陵博物院主页同步上线，并在希腊国家考古博物馆内举办虚拟展览，解读秦兵马俑这一具有代表性的中华文明符号。2021 中国希腊文化和旅游年之"照鉴·中希戏剧对话"活动在浙江杭州举行，中希两国艺术家以视频连线的方式开展交流，在雅典签署了《中华人民共和国文化和旅游部与希腊共和国旅游部 2022—2024 年旅游领域联合行动计划》。"联合行动计划"是中希两国文化旅游领域下阶段全面拓展合作、增进交流的路线图，在旅游推介、特色旅游、教育培训、投资、国际和多边等领域开展全方位交流合作，促进两国旅游往来，充分发挥旅游业在推动经济发展、深化两国友好等方面的重要作用。

十二、中国—法国旅游年

2019 年，中国政府文化和旅游代表团与法国共同宣布于 2021 年举办中法文化旅游年。2021 中法文化旅游年为双方的文化和旅游机构、企业搭建平台，推动双方关系深化发展。

十三、中国—意大利文化和旅游年

2019 年，习近平主席访问意大利期间共同宣布于 2020 年两国建交 50 周年之际举办"文化和旅游年"，希望双方密切合作，充分发挥中意文化合作机制的平台作用，推动双方在文化遗产、表演艺术、视觉艺术、旅游等各领域的务实合作，办好 2020 中意文化和旅游年，扩大双向旅游规模，为中意全面战略合作伙伴关系发展夯实民意基础。

2020 年，中国—意大利文化和旅游年在意大利罗马音乐公园开幕。国家主席习近平和意大利总统马塔雷拉分别致贺信祝贺 2020 中意文化和旅游年开幕，两国政治、经济、文化、旅游、新闻等各界嘉宾 2500 余人观看了在罗马音乐公园桑塔切契利亚厅举办的开幕音乐会。共同演绎两国的经典音乐，充分体现了两大文明古国的对话与互鉴以及东西方文化的交流与交融。音乐会在经典歌剧《茶花女》名曲《饮酒歌》落下帷幕。同日，以"文明古国 旅游胜地——新时代中意文化与旅游合作"为主题的中意旅游合作论坛和"中意世界遗产摄影展"开幕，中意两国文化、旅游、体育、科技及交通运输等领域的领导者与相关领域从业人员近 400 人围绕文明互鉴与旅游交往、智能时代与智慧旅游和社会环境与旅游可持续发展三个议题发表观点，交流思想，探讨合作。其间，双方合作推出涵盖表演艺术、视觉艺术、文化遗产、旅游、创意设计等多个领域，贯穿全年、形式多样的上百项精彩活动。

十四、中国—新西兰旅游年

2019 年，"中国—新西兰旅游年"在新西兰惠灵顿开幕，于新西兰首都惠灵顿国家博物馆开幕。中新两国政府、商界、文化界、旅游业、媒体和驻惠灵顿外交使团代表参加活动。开幕式上，播放由中国文化和旅游部制作的中国旅游形象宣传片《中国，超乎你的想象》。来自中国浙江、广东、广西地方文化和旅游部门以及中国旅游集团、携程、途牛、阿里巴巴集团等大型旅游企业与新西兰旅游局、新西兰航空公司等同行交流对接。"中国—新西兰旅游年"在穗（广东）闭幕。2019"中国—新西兰旅游年"，签署了《关于旅游事务对话与合作的协议》，在奥克兰和克莱斯特切奇举办"美丽中国璀璨文化"推广活动。新西兰旅游局举办了一系列文化和商务活动，多批新西兰旅游商来华考察线路，挖掘合作机会。闭幕式上，来自中央民族乐团、广东省歌舞剧院、星海音乐学院的艺术家与来自新西兰的毛利乐队、蒂普亚毛利战舞团联袂呈现了一场东西方文化交融的文艺演出。

"中国—新西兰旅游年"在西安举办了"新西兰千人游陕西暨西安仿唐入城仪式"。

"一带一路"倡议中涉及旅游的相关内容

截至 2019 年 4 月，中国已经与 126 个国家和 29 个国际组织签署了 174 份共建"一带一路"合作文件。

附表 1　　　　部分国际旅游会议中涉及"一带一路"的内容

序号	大会名称	相关内容
1	2016 年首届世界旅游发展大会	• 107 个国家旅游部门提出，各国政府通过"一带一路"倡议等举措，加强互联互通，提升旅游便利化，推进并支持区域旅游合作①
2	2017 年联合国世界旅游组织第 22 届全体大会	• 国家旅游局将与联合国世界旅游组织共同举办"一带一路"国家旅游部长圆桌会议，倡议成立"一带一路"国家和地区旅游合作共同体 • 大会发布了"一带一路"旅游合作成都倡议，得到了俄罗斯、哈萨克斯坦、斯里兰卡、柬埔寨、马达加斯加等国的响应②
3	2017 中国—东盟博览会旅游展	• 以"共创'一带一路'旅游合作新篇章"为主题，力求促进中国—东盟双方旅游互利合作，为"一带一路"建设夯实民意基础③

① 薛枫. 国家旅游局携手联合国世界旅游组织倡议成立"一带一路旅游合作共同体"[EB/OL].（2022 - 07 - 24）.[2017 - 05 - 19]. http://travel. cctv. com/2017/05/19/ARTIasGeMEZJWRIzwAERv8T 9170519. shtml.

② 田虎. "一带一路"旅游合作成都倡议发布 各国共谋旅游大发展[EB/OL].（2022 - 07 - 24）.[2017 - 09 - 13]. http://travel. people. com. cn/n1/2017/0913/c41570 - 29533794. html.

③ 李纵. 2017 中国—东盟博览会旅游展在桂林举行[EB/OL].（2022 - 07 - 24）.[2017 - 10 - 13]. https：//www. sohu. com/a/197776622_114731.

序号	大会名称	相关内容
4	第四届中国—阿拉伯国家旅行商大会	• 来自印度尼西亚、新加坡、日本、韩国、埃及等 13 个"一带一路"沿线国家和江苏、福建等 10 余个省区市以及港澳台地区的 100 余位旅游部门负责人、旅行商代表等参会，共商"一带一路"沿线国家和地区间旅游合作 • 中阿旅行商大会已成功举办 3 届、签署各类旅游合作协议 71 项，有力地推动了"一带一路"沿线国家和地区的旅游交流合作①

附表 2　　　**"一带一路"倡议相关双边文件中涉及旅游的部分**

序号	文件名称及签署场合	涉及旅游的项目成果
1	2015 年 6 月 6 日，在匈牙利进行正式访问的中国外交部长王毅和匈牙利外交与对外经济部部长彼得·西亚尔托在匈牙利首都布达佩斯共同签署了《中华人民共和国政府和匈牙利政府关于共同推进丝绸之路经济带和 21 世纪海上丝绸之路建设的谅解备忘录》	• 加强互联互通。推动包见括铁路、公路、通信等交通通信基础设施规划编制和项目建设等的务实合作。共同推进匈塞铁路等项目建设，与地区有关国家加强合作，打造中欧陆海快线 • 开展人文交流。全面推进中匈教育、旅游、媒体、青年等领域的友好合作，促进两国文化的交流与互鉴②
2	中华人民共和国政府和新西兰政府关于加强"一带一路"倡议合作的安排备忘录	• 《备忘录》提出合作目标，双方希望加强区域间互联互通，推动交通、经贸、农业技术、投资、科技创新、旅游及其他领域合作，促进地区和平与发展 • 深化人文交流。推进双方教育、旅游、地方、青年等领域的友好合作，利用双方签订电影电视联合制作协议的独特优势，开展广播影视领域的交流与合作，促进两国文化的交流与瓦鉴，开创人文交流新局面③

---

① 任玮. 中外旅行商共商"一带一路"沿线国家旅游合作 [EB/OL]. （2022 - 07 - 24）. [2017 - 09 - 04]. https：//baijiahao. baidu. com/s? id = 1643729615245878435&wfr = spider&for = pc.

② 刘梦. 中华人民共和国政府与匈牙利政府关于共同推进丝绸之路经济带和 21 世纪海上丝绸之路建设的谅解备忘录 [EB/OL]. （2022 - 07 - 24）. [2019 - 01 - 03]. https：//www. yidaiyilu. gov. cn/xwzx/roll/76380. htm.

③ 中国一带一路网. 中新关于加强"一带一路"倡议合作的安排备忘录（全文）[EB/OL]. （2022 - 07 - 24）. [2017 - 03 - 31]. http：//www. scio. gov. cn/31773/35507/htws35512/Document/1546654/1546654. htm.

序号	文件名称及签署场合	涉及旅游的项目成果
3	中华人民共和国和白俄罗斯共和国关于建立相互信任、合作共赢的全面战略伙伴关系的联合声明 应中华人民共和国主席习近平邀请，白俄罗斯共和国总统亚历山大·卢卡申科于2016年9月28日至30日对中华人民共和国进行国事访问	• 双方愿继续扩大和加强教育、文化、旅游、影视、体育、媒体等领域合作 • 双方将继续鼓励本国旅游业界参加在对方国家举办的旅游展会，为对方国家旅游业界来本国开展宣介活动和两国游客互访提供更加便利的条件，鼓励旅游企业开发设计符合对方国家游客需求的旅游产品。愿通过鼓励旅游院校和旅游研究机构开展合作，不断深化旅游教育和旅游市场研究等方面的合作①
4	"一带一路"国际合作高峰论坛圆桌峰会联合公报	• 鼓励不同文明间对话和文化交流，促进旅游业发展，保护世界文化和自然遗产②
5	中蒙两国外长发表联合新闻稿：落实"一带一路"同"发展之路"对接	• 双方同意积极开展文化、教育、科技、体育、旅游、青少年等人文交流，增进相互理解与信任。双方将在年内召开中蒙人文交流共同委员会首次会议③
6	澜沧江—湄公河合作五年行动计划（2018—2022年）对接"一带一路"倡议	• 推动铁路、公路、水运、港口、电网、信息网络、航空等基础设施建设与升级。增加包括北斗系统在内的全球卫星导航系统在澜湄国家基础设施建设、交通、物流、旅游、农业等领域的应用 • 探讨成立澜湄旅游城市合作联盟 • 加强旅游业人才培训，鼓励澜湄国家参加东盟旅游论坛、湄公河旅游论坛和中国国际旅游交易会等活动 • 探讨建立澜湄合作中长期旅游发展愿景，加强促进旅游发展的软硬件基础设施建设 • 推动认可东盟旅游标准④

---

① 外交部网站. 中华人民共和国和白俄罗斯共和国关于建立相互信任、合作共赢的全面战略伙伴关系的联合声明［EB/OL］. （2022 - 07 - 24）. ［2016 - 09 - 30］. https：//www. mfa. gov. cn/ce/cg-constanta/chn/zgyw/t1402587. htm.

② 中国一带一路网. "一带一路"国际合作高峰论坛圆桌峰会联合公报［EB/OL］. （2022 - 07 - 24）. ［2017 - 05 - 16］. https：//www. yidaiyilu. gov. cn/zchj/sbwj/13687. htm.

③ 外交部网站. 中蒙两国外长发表联合新闻稿［EB/OL］. （2022 - 07 - 24）. ［2017 - 12 - 04］. https：//www. mfa. gov. cn/web/wjb_673085/zzjg_673183/yzs_673193/xwlb_673195/201712/t20171204_7603121. shtml.

④ 中国一带一路网. 澜沧江—湄公河合作五年行动计划（2018—2022年）［EB/OL］. （2022 - 07 - 24）. ［2018 - 01 - 11］. https：//www. yidaiyilu. gov. cn/zchj/sbwj/43468. htm.

序号	文件名称及签署场合	涉及旅游的项目成果
7	中华人民共和国和哈萨克斯坦共和国联合声明，应中华人民共和国主席习近平邀请，哈萨克斯坦共和国总统卡西姆若马尔特·克梅列维奇·托卡耶夫于 2019 年 9 月 10 日至 12 日对中华人民共和国进行国事访问	●加强人文交流和民间交往，拓展媒体合作，促进中哈学者学术交流，加强两国文学作品和影视作品互译合作，密切文艺团体互访，继续开展教育、卫生、体育、青年、旅游等领域合作。在哈萨克斯坦"青年年"框架下开展相关活动，增进两国青年相互了解和友谊。中方欢迎哈方来华举办"哈萨克斯坦旅游年"①
8	中华人民共和国和塔吉克斯坦共和国关于进一步深化全面战略伙伴关系的联合声明，应塔吉克斯坦共和国总统埃莫马利·拉赫蒙邀请，中华人民共和国主席习近平于 2019 年 6 月 15 日至 16 日对塔吉克斯坦共和国进行国事访问	●双方将认真落实中塔文化部 2019—2021 年合作计划。双方愿早日签署关于中国旅游团队赴塔吉克斯坦旅游实施方案的谅解备忘录②
9	上海合作组织成员国领导人于 2019 年 6 月 14 日在比什凯克举行元首理事会会议 上海合作组织成员国元首理事会比什凯克宣言	●成员国强调，应继续深化交通运输领域多边合作，包括新建和改造现有国际公路和铁路交通线路及多式联运走廊，建立国际多式联运、物流、贸易、旅游中心，采用创新和节能技术，按照先进的国际标准优化通关手续，共同实施旨在有效利用成员国过境运输潜力的其他基础设施合作项目③
10	2019 年 7 月 12 日，中华人民共和国国务院国务委员兼外交部部长王毅和匈牙利外交与对外经济部部长西雅尔多·彼得在布达佩斯共同主持召开中国匈牙利"一带一路"工作组第二次会议	●双方将继续深化人文交流与合作，推动人员往来便利化，尽早续签两国下一轮文化合作计划，支持两国教育机构加强交流，探索形式多样的办学合作。愿继续加强旅游合作，鼓励发展地方层面的人文交流④

① 中国一带一路网. 中华人民共和国和哈萨克斯坦共和国联合声明 ［EB/OL］.（2022 – 07 – 24）.［2018 – 06 – 08］. https://www.yidaiyilu.gov.cn/zchj/sbwj/57386.htm.

② 中国一带一路网. 中华人民共和国和塔吉克斯坦共和国关于进一步深化全面战略伙伴关系的联合声明（全文）［EB/OL］.（2022 – 07 – 24）.［2019 – 06 – 21］. https://www.yidaiyilu.gov.cn/zchj/sbwj/93850.htm.

③ 中国一带一路网. 上海合作组织成员国元首理事会比什凯克宣言（全文）［EB/OL］.（2022 – 07 – 24）.［2019 – 06 – 15］. https://www.yidaiyilu.gov.cn/zchj/sbwj/93806.htm.

④ 中国一带一路网. 中华人民共和国和匈牙利"一带一路"工作组第二次会议联合新闻稿［EB/OL］.（2022 – 07 – 24）.［2019 – 07 – 14］. https://www.yidaiyilu.gov.cn/zchj/sbwj/96723.htm.

续表

序号	文件名称及签署场合	涉及旅游的项目成果
11	应中华人民共和国主席习近平邀请，保加利亚共和国总统鲁门·拉德夫于 2019 年 7 月 1 日至 7 月 5 日对中国进行国事访问，并于 7 月 1 日至 7 月 2 日出席在大连举行的第十三届夏季达沃斯论坛 中华人民共和国和保加利亚共和国关于建立战略伙伴关系的联合声明	●双方同意扩大在文化、旅游、地方等领域的合作，增进两国人民的交往和友谊。双方重视两国教育和科技合作，将继续深化学生流动、语言教学、高校科研等方面合作，支持两国研究机构、企业和其他组织在双方商定的优先领域开展联合研究合作，鼓励共建联合实验室或研发中心，促进科研成果商业化和产业化①
12	2019 年 7 月 8 日，中国波兰政府间合作委员会第二次全体会议	●考虑到近年来中波人文交流不断增多，双向旅游迅速发展，双方决定深化旅游领域合作。双方高度重视两国持续增长的游客数量，鼓励中波旅游从业者推出更多高品质旅游产品，如文化遗产及特色旅游路线。双方将继续鼓励两国旅游机构开展合作，并在有关双边合作框架下积极参与旅游博览会 ●双方强调两国地方合作在促进经济增长、加强旅游与人文交流、拓展教育与文化合作等方面发挥的重要作用，支持 2020 年在中国举办第五届中波地方合作论坛，重点推介经贸合作②
13	中华人民共和国和尼泊尔联合声明，应尼泊尔总统比迪亚·班达里邀请，中华人民共和国主席习近平于 2019 年 10 月 12 日至 13 日对尼泊尔进行国事访问	●双方同意深化贸易、旅游、投资、产能、民生等经济领域合作，促进共同发展③
14	上海合作组织成员国政府首脑（总理）理事会第十八次会议联合公报	●各代表团团长愿进一步就本地区居民卫生防疫保障，突发性卫生灾害事件应对，生物安全，假药扩散防范，抗生素耐药性，传染和非传染性疾病防控，公共卫生，医疗康复旅游等问题开展协作④

---

① 中国一带一路网. 中华人民共和国和保加利亚共和国关于建立战略伙伴关系的联合声明 [EB/OL]. (2022 – 07 – 24). [2019 – 07 – 04]. https://www.yidaiyilu.gov.cn/zchj/sbwj/95766.htm.

② 中国一带一路网. 中华人民共和国政府与波兰共和国政府间合作委员会第二次全体会议共同文件[EB/OL]. (2022 – 07 – 24). [2019 – 07 – 09]. https://www.yidaiyilu.gov.cn/zchj/sbwj/96210.htm.

③ 中国一带一路网. 中华人民共和国和尼泊尔联合声明（全文）[EB/OL]. (2022 – 07 – 24). [2019 – 10 – 14]. https://www.yidaiyilu.gov.cn/zchj/sbwj/106094.htm.

④ 中国一带一路网. 上海合作组织成员国政府首脑（总理）理事会第十八次会议联合公报 [EB/OL]. (2022 – 07 – 24). [2019 – 11 – 03]. https://www.yidaiyilu.gov.cn/zchj/sbwj/108229.htm.

续表

序号	文件名称及签署场合	涉及旅游的项目成果
15	中华人民共和国和吉尔吉斯共和国关于进一步深化全面战略伙伴关系的联合声明,应吉尔吉斯共和国总统索隆拜·沙里波维奇·热恩别科夫邀请,中华人民共和国主席习近平于2019年6月12日至13日对吉尔吉斯共和国进行国事访问	为加强两国商务、旅游等各领域合作,促进人员交往,双方将积极研究采取进一步签证便利化相关措施①
16	中华人民共和国和俄罗斯联邦关于发展新时代全面战略协作伙伴关系的联合声明,应俄罗斯联邦总统普京邀请,中华人民共和国主席习近平于2019年6月5日至7日对俄罗斯进行国事访问并出席第二十三届圣彼得堡国际经济论坛	●推动中俄北极可持续发展合作,在遵循沿岸国家权益基础上扩大北极航道开发利用以及北极地区基础设施、资源开发、旅游、生态环保等领域合作。支持继续开展极地科研合作,推动实施北极联合科考航次和北极联合研究项目。继续开展中俄在"北极——对话区域"国际北极论坛内的协作 ●促进两国国家旅游部门协作,采取措施简化旅行手续,推动落实扩大双向旅游交流的措施,提升旅游服务质量和安全性,鼓励拓展旅游新形式,包括北极旅游、汽车旅游、主题旅游等。重点推动两国主管部门合作,协调管理旅游市场,保护游客合法权益②
17	中华人民共和国和瓦努阿图共和国联合新闻公报,应中华人民共和国国务院总理李克强邀请,瓦努阿图共和国总理夏洛特·萨尔维于2019年5月26日至31日对中国进行正式访问	●双方一致同意加强贸易投资、农业渔业、海洋资源保护和可持续开发等领域合作,扩大文化、教育、旅游、地方等领域交流,共同办好2019"中国—太平洋岛国旅游年"。中方鼓励更多有实力、信誉好的中国企业赴瓦努阿图投资兴业,将继续向瓦方提供中国政府奖学金名额和各类培训名额,帮助瓦方加强人力资源建设③

---

① 中国一带一路网. 中华人民共和国和吉尔吉斯共和国关于进一步深化全面战略伙伴关系的联合声明(全文)[EB/OL]. (2022 – 07 – 24). [2019 – 06 – 14]. https://www.yidaiyilu.gov.cn/zchj/sbwj/93749.htm.

② 中国一带一路网. 中华人民共和国和俄罗斯联邦关于发展新时代全面战略协作伙伴关系的联合声明(全文)[EB/OL]. (2022 – 07 – 24). [2019 – 06 – 06]. https://www.yidaiyilu.gov.cn/zchj/sbwj/92986.htm.

③ 中国一带一路网. 中华人民共和国和瓦努阿图共和国联合新闻公报[EB/OL]. (2022 – 07 – 24). [2019 – 05 – 29]. https://www.yidaiyilu.gov.cn/zchj/sbwj/92098.htm.

续表

序号	文件名称及签署场合	涉及旅游的项目成果
18	中国—中东欧国家合作杜布罗夫尼克纲要。2019年4月12日，第八次中国—中东欧国家领导人会晤在克罗地亚杜布罗夫尼克举行	• 与会各方支持在"16+1合作"框架下，继续拓展17国文化和旅游合作，提升互联互通并促进人员流动，加强旅游市场主体间的合作，支持文化和旅游行业公共机构的专业合作。与会各方支持2020年在中东欧国家举办第六次16+1旅游合作高级别会议、在塞尔维亚举办第三届16+1艺术合作论坛、在中东欧国家举办第三届16+1非物质文化遗产保护专家级论坛、在中东欧国家举办第二届16+1图书馆联盟馆长论坛。各国重视文化创意领域合作，斯洛文尼亚将于2020年举办第五届16+1文化创意产业论坛 • 与会各方支持加强"16+1合作"框架下旅游领域合作。为加强合作和促进旅游往来，欢迎克罗地亚举办的第四次16+1旅游合作高级别会议设立"马可·波罗旅游奖"。各方支持中国与中东欧国家旅游业多元化、全方位发展。与会各方支持和欢迎中国与中东欧国家在旅游合作和相关设施投资方面签署更多双边谅解备忘录 • 《中国—中东欧国家合作索非亚纲要》执行情况：① 2018年9月，第四次16+1旅游合作高级别会议在克罗地亚杜布罗夫尼克举行。② 2019年10月，第五次16+1旅游合作高级别会议暨首次"马可·波罗旅游奖"颁奖仪式将在拉脱维亚里加举行。③ 2019年10月，第四届中国—中东欧国家首都市长论坛、中国—中东欧国家首都商会圆桌会和中国—中东欧国家旅游合作联合会年度会议将在阿尔巴尼亚地拉那举行①
19	中华人民共和国政府和克罗地亚共和国政府联合声明，应克罗地亚共和国总理安德烈·普连科维奇邀请，中华人民共和国国务院总理李克强于2019年4月9日至12日对克罗地亚进行正式访问	• 双方一致认为，继续深化中克关系与合作符合两国人民的共同愿望和根本利益，将继续共同致力于巩固传统友谊，支持经贸、投资、农业、交通和物流、发展战略、科学、技术和创新、人文、教育、体育、旅游等各领域合作，为两国人民带来更大福祉 • 双方一致表示，将共同办好2019年中克文化和旅游年，并以此为契机加强文化、旅游领域合作。双方支持扩大人员往来，便利航空交通，并愿就此采取有效措施。双方愿密切社会人文科学交流，将继续深化汉语、克罗地亚语语言文化教学和学生双向流动方面的合作，共同推动签署两国高等教育学历学位互认协议。双方愿加强体育领域合作，支持两国政府体育部门、奥委会和体育单项协会加强交流②

① 中国一带一路网. 中国—中东欧国家合作杜布罗夫尼克纲要［EB/OL］.（2022-07-24）.［2019-04-14］. https://www.yidaiyilu.gov.cn/zchj/sbwj/85674.htm.

② 中国一带一路网. 中华人民共和国政府和克罗地亚共和国政府联合声明［EB/OL］.（2022-07-24）.［2019-04-11］. https://www.yidaiyilu.gov.cn/zchj/sbwj/85416.htm.

续表

序号	文件名称及签署场合	涉及旅游的项目成果
20	第二十一次中国—欧盟领导人会晤联合声明（2019年4月9日于比利时布鲁塞尔）	• 双方欢迎成功举行第四次中欧创新合作对话。双方确认展期《中欧科技合作协定》的意愿 • 双方致力于通过中欧高级别人文交流对话机制加强在教育、旅游、研究人员往来、文化、媒体、青年、体育领域的交流与合作。双方期待中欧高级别人文交流对话机制第五次会议在布鲁塞尔举行。双方欢迎2018年中欧旅游年取得积极成果，承诺继续就旅游产业和人员交流领域加强合作①
21	中华人民共和国和意大利共和国关于加强全面战略伙伴关系的联合公报，应意大利共和国总统马塔雷拉邀请，中华人民共和国主席习近平于2019年3月21日至24日对意大利进行国事访问	• 双方欢迎签署政府间关于共同推进"一带一路"建设的谅解备忘录。双方认识到"一带一路"倡议在促进互联互通方面的巨大潜力，愿加强"一带一路"倡议同泛欧交通运输网（TEN-T）等的对接，深化在港口、物流和海运领域的合作。意方愿在欧盟"欧亚互联互通战略"基础上，利用中欧互联互通平台提供的机遇，发挥自身优势，同中方开展合作。双方还表达了增加两国航线联系，为双方航空公司开展业务和进入对方市场提供便利的愿望 • 在文化领域，双方对在演出、博物馆交流、设计和文化遗产保护等领域的活动不断增多表示满意。双方重视人文交流对于推动两国关系长远发展的重要意义，充分肯定中意文化合作机制作为两国文化领域对话与合作平台的重要作用。双方宣布在2020年中意建交50周年之际互办文化和旅游年。双方并表示愿推动落实中意联合国教科文组织世界遗产地结对项目和打击文物非法贩运和走私合作。双方愿推动双向游客往来，增进民间友好，推动两国文化遗产的保护利用②
22	中意政府委员会第九次联席会议共同文件 中华人民共和国国务委员兼外交部部长王毅于2019年1月25日至26日对意大利共和国进行正式访问。两国外长共同出席了中意政府委员会第九次联席会议开幕式	• 双方注意到中意间游客往来日益频密，对双方于2018年1月中欧旅游年在威尼斯开幕期间签署的《中意关于加强旅游战略合作的谅解备忘录》表示满意，强调旅游交流与合作对增进两国人民相互了解和友谊具有重要意义③

---

① 中国一带一路网. 第二十一次中国—欧盟领导人会晤联合声明［EB/OL］.（2022-07-24）.［2019-04-10］. https://www.yidaiyilu.gov.cn/zchj/sbwj/85258.htm.

② 中国一带一路网. 中华人民共和国和意大利共和国关于加强全面战略伙伴关系的联合公报［EB/OL］.（2022-07-24）.［2019-03-24］. https://www.yidaiyilu.gov.cn/zchj/sbwj/83656.htm.

③ 中国一带一路网. 中意政府委员会第九次联席会议共同文件中国［EB/OL］.（2022-07-24）.［2019-01-29］. https://www.yidaiyilu.gov.cn/zchj/sbwj/78573.htm.

序号	文件名称及签署场合	涉及旅游的项目成果
23	中国和加勒比建交国外交部间第七次磋商联合新闻公报 2019 年 2 月 21 日，中华人民共和国和加勒比建交国外交部间第七次磋商在北京举行。中国外交部副部长秦刚与多米尼克外交部部长芙朗辛·巴伦共同主持了此次磋商	• 双方认为，共建"一带一路"倡议体现了和平合作、开放包容、互学互鉴和互利共赢精神，符合中加共同利益。双方将遵循共商共建共享原则，促进政策沟通、设施联通、贸易畅通、资金融通和民心相通。双方将进而拓展和加强在贸易、投资、金融、旅游、基础设施、能源、制造业、农业、蓝色经济、气候韧性和适应、人力资源开发和航空等领域的合作，共同实施好在建、待建项目。中方欢迎更多加勒比国家与中国商签共建"一带一路"谅解备忘录、共同编制合作规划或制订行动计划。加方支持中方于 2019 年 4 月举办第二届"一带一路"国际合作高峰论坛并将积极参与。双方重视中加在地区和机构层面的合作，同意制定和执行有地区组织参与的中加整体合作项目和活动 • 双方同意深化教育、体育、文化领域交流与合作，继续支持文艺、新闻、体育团组互访，鼓励航空、旅游主管部门加强沟通，扩大旅游和文化产业合作。双方高兴地看到中国国际新闻交流中心加勒比分中心于 2018 年 4 月成功举行首次交流项目，愿支持双方媒体机构和人员继续加强交流合作。加方欢迎中方在加勒比国家设立孔子学院和孔子课堂，中方重申将继续向加方提供奖学金名额和各类人力资源培训机会①
24	中华人民共和国政府和柬埔寨王国政府联合新闻公报 柬埔寨王国首相洪森于 2019 年 1 月 20 日至 23 日对中国进行正式访问	• 双方同意将 2019 年确定为"中柬文化旅游年"，并以此为契机，进一步扩大民间交往，增进两国人民特别是青年一代的了解和友谊。支持两国文化旅游与贸易促进机构以及对口友好协会、智库、媒体、非政府组织加强交流。落实好中国政府奖学金、青年技术人才培训、义诊医疗等工作。继续开展吴哥古迹、柏威夏古寺及其他文化遗产的保护和修复工作②
25	2020 年 6 月 18 日举行主题为"加强'一带一路'国际合作、携手抗击新冠肺炎疫情"的视频会议	• 我们支持各方就重大发展战略、规划和政策开展对话和交流，包括加强"一带一路"倡议与其他国别、区域和国际发展战略、项目或倡议的协调。我们鼓励和支持有利于工商业特别是中小微企业和脆弱行业发展的政策。我们也注意到有的国家在做好疫情防控措施基础上逐步恢复旅游业的努力。我们强调，在人力资源开发、教育和职业培训方面加强合作，将增强民众应对疫情挑战的能力。我们致力于落实联合国 2030 年可持续发展议程和气候变化巴黎协定，并在此方面照顾最不发达国家和内陆发展中国家的特殊需要。我们欢迎联合国系统继续支持"一带一路"国际合作③

---

① 中国一带一路网. 中国和加勒比建交国外交部间第七次磋商联合新闻公报［EB/OL］.（2022 - 07 - 24）.［2019 - 02 - 22］. https：//www. yidaiyilu. gov. cn/zchj/sbwj/80272. htm.

② 中国一带一路网. 中华人民共和国政府和柬埔寨王国政府联合新闻公报［EB/OL］.（2022 - 07 - 24）.［2019 - 01 - 24］. https：//www. yidaiyilu. gov. cn/zchj/sbwj/78251. htm.

③ 中国一带一路网. "一带一路"国际合作高级别视频会议联合声明［EB/OL］.（2022 - 07 - 24）.［2020 - 06 - 19］. https：//www. yidaiyilu. gov. cn/zchj/sbwj/132782. htm.

序号	文件名称及签署场合	涉及旅游的项目成果
26	中国与基里巴斯签署共建"一带一路"实施方案	●2022 年 5 月 27 日，中国政府与基里巴斯政府签署了《中华人民共和国政府与基里巴斯共和国政府关于共同推进"一带一路"建设的实施方案》 ●《实施方案》描绘了中基共建"一带一路"路线图，双方遵循共商、共建、共享原则，坚持开放、绿色、廉洁理念，立足高标准、可持续、惠民生的发展目标，不断深化两国基础设施建设、贸易和投资、应对气候变化、科技和可再生能源、海关检验检疫、文化和旅游等领域务实合作。《实施方案》的签署，为双方深入推进共建"一带一路"合作提供了总体指导和预期，促进两国政治关系更加友好、经济纽带更加牢固、人文联系更加紧密，推动两国互利共赢、共同发展①
27	应中方邀请，阿根廷共和国总统阿尔韦托·费尔南德斯于 2022 年 2 月 4 日至 6 日出席北京冬奥会开幕式并访华 中华人民共和国和阿根廷共和国关于深化中阿全面战略伙伴关系的联合声明（2022 –02 –06）	●双方还签署了绿色发展、数字经济、航天、北斗导航、科技创新、教育及大学合作、农业、地球科学、公共传媒、核医学等领域合作文件。为推动相互了解和友好交往，双方将继续推动包括维和与军事学术在内的防务、文化、教育、旅游和体育等各领域交流合作②
28	中俄总理第二十六次定期会晤联合公报	●支持进一步发展保险和再保险领域的合作，在应对包括流行病在内的紧急情况领域加强合作，以及进一步落实中俄旅游保险项目③
29	中华人民共和国和塞浦路斯共和国关于建立战略伙伴关系的联合声明（2021 年 11 月 30 日）	●双方积极评价中塞在文化、教育、旅游、卫生、体育、青年等领域合作成果，赞赏两国抗疫合作体现的风雨同舟精神，强调进一步扩大双方人员往来、增进两国人民相互了解和友谊、加强两大古老文明交流互鉴的重要性，愿推进在塞浦路斯设立中国文化中心。双方愿加强高等教育领域合作，并提升两国留学生交流的规模。双方同意研究开通中塞间直航的可能性④
30	王毅谈"中国 + 中亚五国"外长第三次会晤的成果和共识（2022 –06 –08）	●深化教育、科技、艺术、体育、旅游、减贫等领域合作，推进"一国一坊"、互设文化中心工作⑤

① 中国一带一路网. 中国与基里巴斯签署共建"一带一路"实施方案［EB/OL］.（2022 –07 –24）.［2022 –05 –27］. https：//www. yidaiyilu. gov. cn/xwzx/gnxw/247213. htm.

② 中国一带一路网. 中华人民共和国和阿根廷共和国关于深化中阿全面战略伙伴关系的联合声明［EB/OL］.（2022 –07 –24）.［2022 –02 –07］. https：//www. yidaiyilu. gov. cn/xwzx/gnxw/220082. htm.

③ 中国一带一路网. 中俄总理第二十六次定期会晤联合公报［EB/OL］.（2022 –07 –24）.［2021 –12 –01］. https：//www. yidaiyilu. gov. cn/xwzx/hwxw/202674. htm.

④ 中国一带一路网. 中华人民共和国和塞浦路斯共和国关于建立战略伙伴关系的联合声明［EB/OL］.（2022 –07 –24）.［2021 –12 –01］. https：//www. yidaiyilu. gov. cn/xwzx/hwxw/202701. htm.

⑤ 中国一带一路网. 王毅谈"中国 + 中亚五国"外长第三次会晤的成果和共识［EB/OL］.（2022 –07 –24）.［2022 –06 –09］. https：//www. yidaiyilu. gov. cn/xwzx/bwdt/250731. htm.

附表 3　　　　　　　"一带一路"倡议相关的国家中涉及旅游的部分

国家	涉及旅游的相关内容
阿尔巴尼亚	2016 年 10 月，中国光大集团下属光大控股有限公司管理的光大海外基础设施基金收购地拉那国际机场 100% 股权，获得地拉那国际机场的特许经营权至 2027 年。该机场也成为中国与阿尔巴尼亚共建"一带一路"的成功案例。在两国协同努力下，地拉那国际机场的运营工作取得显著改善，机场设施及硬件配套明显提升，有效促进了阿尔巴尼亚的贸易及旅游发展①
东帝汶	双方已签署"一带一路"合作谅解备忘录，东方期待抓住中国带来的巨大发展机遇，扩大双方经贸投资、基础设施、教育、旅游等各领域务实合作，加快自主发展②
阿曼	2018 年 5 月，中阿签署了政府间共建"一带一路"谅解备忘录，两国在"一带一路"框架下开展了许多富有成效的合作 中国—阿曼（杜库姆）产业园是在"一带一路"倡议下兴建的，产业园区将分为重工业区、轻工业综合区、五星级酒店旅游区③
太平洋岛国	中国同 10 个建交岛国均已签署共建"一带一路"合作谅解备忘录，同巴新、瓦努阿图签署了共建"一带一路"合作规划，中国于 2004 年加入南太旅游组织（SPTO，2019 年更名为太平洋旅游组织）。2019 年是中国—太平洋岛国旅游年。2019 年 11 月至 2020 年 1 月，载有 2300 多名中国游客的邮轮从天津出发，分别停靠巴新、瓦努阿图、汤加等 10 个岛国和地区 2005 年以来，中国每年在中国国际旅游交易会期间向太平洋旅游组织提供免费展位，邀请成员国旅游部门负责人出席交易会，大力协助岛国在华推广旅游资源 开放岛国为中国旅游目的地。目前，除纽埃外的 9 个建交岛国均已成为中国公民组团出境旅游目的地④
缅甸	昂埃汉表示，缅中两国目前已在酒店业中开展投资合作，缅方积极参与"一带一路"倡议，希望这一倡议在带动两国经贸合作的同时，推进旅游业实现互利共赢的可持续发展⑤
老挝	习近平强调，中老政治上相互支持、经济上全面合作，传统睦邻友好持续深入发展。中方视老挝为好邻居、好朋友、好同志、好伙伴，愿同老方一道，加强发展战略对接，深化共建"一带一路"合作，推动两国全面战略合作伙伴关系取得新成果 习近平指出，希望双方以举办旅游年为契机，扩大人员往来，加强文化交流，为构建中老命运共同体培育更为深厚的民意和社会基础⑥

---

① 韩硕．中企接管经营地拉那国际机场 三年来客流量增长 50%［EB/OL］．（2022 - 07 - 24）．［2019 - 09 - 11］．https：//www.yidaiyilu.gov.cn/xwzx/hwxw/103037.htm.

② 邓雪梅．东帝汶总理鲁瓦克会见王毅［EB/OL］．（2022 - 07 - 24）．［2022 - 06 - 04］．https：//baijiahao.baidu.com/s?id = 1734686027866431071&wfr = spider&for = pc.

③ 杨元勇．中国驻阿曼大使：共建"一带一路"成为中阿互利合作不竭动力［EB/OL］．（2022 - 07 - 24）．［2019 - 11 - 11］．https：//www.yidaiyilu.gov.cn/ghsl/gnzjgd/109234.htm.

④ 驻新西兰大使馆．中国—太平洋岛国合作事实清单［EB/OL］．（2022 - 07 - 24）．［2022 - 05 - 30］．http：//nz.mofcom.gov.cn/article/jmxw/202205/20220503315004.shtml.

⑤ 中国一带一路网．缅甸饭店和旅游部饭店和旅游司副司长昂埃汉近日接受新华社记者专访［EB/OL］．（2022 - 07 - 24）．［2020 - 01 - 30］．https：//www.yidaiyilu.gov.cn/xwzx/hwxw/116415.htm.

⑥ 中国一带一路网．习近平向 2019 年"中国—老挝旅游年"致贺词［EB/OL］．（2022 - 07 - 24）．［2019 - 01 - 26］．https：//www.yidaiyilu.gov.cn/xwzx/xgcdt/78394.htm.

续表

国家	涉及旅游的相关内容
越南	2015 年，中越两国政府签署了《关于合作保护和开发德天—板约旅游资源的协定》，中越德天—板约跨境旅游合作区由此成为中国首个跨境旅游合作区。借助跨境旅游合作区的平台载体和辐射效应，广西进一步深化与越南及其他"一带一路"沿线国家经贸、投资和人文交流，促进中国与东盟合作发展①
印度尼西亚	中国的"一带一路"倡议和印度尼西亚的"海洋高速公路"建设计划相互支持和对接，将为印度尼西亚旅游基础设施发展带来资金，为印度尼西亚旅游发展带来机遇。两国旅游业合作的前景广阔。 印度尼西亚正在全力打造 10 个"新巴厘"景区，希望参与"一带一路"建设的中国企业能够支持印度尼西亚政府的这一计划并给予投资。印度尼西亚为此启动了"重走郑和路"旅游项目，向中国游客推出各种旅游套餐②
斯里兰卡	2014 年 12 月 9 日，商务部副部长高燕和斯里兰卡财政计划部常秘贾亚桑德拉签署了关于在中斯经贸联委会框架下共同推进"21 世纪海上丝绸之路"和"马欣达愿景"建设的谅解备忘录。双方商定，以此为契机，进一步加强在基础设施建设、贸易、投资、技术、人力资源等领域合作，全面深化双边经贸关系，促进两国共同发展 斯航 2017 年在中国内地有 4 个站点：北京、上海、广州和昆明 2017 年 7 月 16 日，斯里兰卡航空正式开通广州至科伦坡每日直飞航线。这将大大方便华南地区的游客搭乘斯里兰卡航空前往斯里兰卡。斯里兰卡航空开通了香港至科伦坡的直飞航线③
白俄罗斯	中国旅游集团公司旗下的国旅总社与中旅总社对白俄罗斯的旅游资源、配套设施以及服务水平等进行了深入考察后，国旅总社正式上线了新研发的"白俄罗斯 7 天初体验"独家特色旅游产品④
乌兹别克斯坦	乌兹别克斯坦的撒马尔罕市积极响应"一带一路"的倡议，以旅游为切入点，在经济、政治、文化等方面不断深化与"一带一路"沿线国家及地区的合作与交流，为中亚地区旅游融入全球旅游发展体系做出重要贡献⑤

---

① 黄令妍. 中越联手推进跨境旅游合作区建设 [EB/OL]. (2022 - 07 - 24). [2019 - 09 - 18]. https://www. yidaiyilu. gov. cn/xwzx/gnxw/103812. htm.

② 邰背平，郑世波. 亚赫亚：印度尼西亚看好"一带一路"框架下对华旅游合作 [EB/OL]. (2022 - 07 - 24). [2017 - 12 - 18]. https://baijiahao. baidu. com/s?id = 1587088056318089819&wfr = spider&for = pc.

③ 中国一带一路网. 商务部和斯里兰卡财政计划部签署有关共建"21 世纪海上丝绸之路"的备忘录 [EB/OL]. (2022 - 07 - 24). [2014 - 12 - 22]. https://www. yidaiyilu. gov. cn/xwzx/bwdt/77052. htm.

④ 魏忠杰，李佳. 专访：白俄罗斯愿与中国加强"一带一路"合作——访白俄罗斯驻华大使鲁先科 [EB/OL]. (2022 - 07 - 24). [2021 - 03 - 22]. http://news. cri. cn/20210322/25a075c8 - f9dd - 70e8 - a8b1 - 9f6a75aaf595. html.

⑤ 徐文军. "一带一路"旅游合作前景广阔 [EB/OL]. (2022 - 07 - 24). [2019 - 12 - 01]. https://baijiahao. baidu. com/s?id = 1651708517491581461&wfr = spider&for = pc.

国家	涉及旅游的相关内容
塔吉克斯坦	塔吉克斯坦旅游企业负责人阿莫努诺说，中国对塔吉克斯坦支援了多项重点项目，我们对中国深表感谢。"一带一路"倡议给中亚各国带来了机遇，我们很想抓住机遇，去霍尔果斯这个最近的窗口看看，寻找发展之路①
哈萨克斯坦	"中哈旅游年"的成功举办为两国深化"一带一路"框架下各领域合作奠定坚实基础。2015 年 12 月，双方签署了《关于便利中国公民赴哈萨克斯坦共和国团队旅游的备忘录》。2016 年 7 月，中国公民组团赴哈萨克斯坦旅游业务正式启动，双方旅游合作步入快车道②

---

① 中国一带一路网. 霍尔果斯参展乌兹别克斯坦"丝路旅游"国际旅游展览会［EB/OL］. (2022 - 07 - 24). ［2018 - 10 - 08］. https://www.yidaiyilu.gov.cn/xwzx/dfdt/68013.htm.

② 赵珊. 2017"中哈旅游年"举行闭幕式 多个省市与哈签署旅游合作协议［EB/OL］. (2022 - 07 - 24). ［2017 - 11 - 17］. https://www.yidaiyilu.gov.cn/xwzx/hwxw/35178.htm.

参考文献

［1］习近平.共同构建人类命运共同体［N］.人民日报,2017-1-20(2).

［2］丛占修.人类命运共同体:历史、现实与意蕴［J］.理论与改革,2016（3）:1-5.

［3］谢文娟."人类命运共同体"的历史基础和现实境遇［J］.河南师范大学学报（哲学社会科学版）,2016,43（5）:39-46.

［4］杨佳伟.习近平"人类命运共同体"思想探析［D］.济南:中共山东省委党校,2018.

［5］苏苗苗.习近平人类命运共同体思想研究［D］.合肥:安徽大学,2018.

［6］王寅.人类命运共同体:内涵与构建原则［J］.国际问题研究,2017（5）:22-32.

［7］明浩."一带一路"与"人类命运共同体"［J］.中央民族大学学报（哲学社会科学版）,2015,42（6）:23-30.

［8］袁靖华.中国的"新世界主义":"人类命运共同体"议题的国际传播［J］.浙江社会科学,2017（5）:105-113,158-159.

［9］张志洲.金砖机制建设与中国的国际话语权,当代世界［J］.2017（10）.

［10］［法］米歇尔·福柯.知识考古学［M］.谢强,马月译.北京:生活·读书·新知三联书店,1998:130.

［11］［瑞］索绪尔.普通语言学教程:1900-1911索绪尔第三度讲授［M］.张绍杰译.长沙:湖南教育出版社,2021:50.

［12］吴贤军.中国国际话语权构建:理论、现状和路径［M］.上海:

复旦大学出版社，2017：12 – 13.

［13］张志洲．国际话语权建设中儿大基础性理论问题［J］．学习时报，2017 – 2 – 27（2）.

［14］王阿晶，何静．中国国际话语权在环印度洋岛国中的提升策略研究［J］．大连大学学报，2019，40（1）：96 – 100.

［15］张骥，方炯升．中国外交安全智库国际话语权分析［J］．国际展望，2018（5）：75 – 94.

［16］王丽红．论话语权的多元属性及作用机理［J］．江汉论坛，2014（12）：55 – 59.

［17］宗圆圆．武汉户部巷美食旅游意象研究——VEP 视角下中外游客之凝视异同［J］．内江师范学院学报，2016，31（10）：76 – 81，99.

［18］胡文秀，刘振霞．全球治理视域下中国国际话语权的提升［J］．中州学刊，2020（8）：54 – 60.

［19］王井．国家叙事理论与讲好中国故事［J］．治理研究，2019（2）：79 – 87.

［20］陈先红，宋发枝．"讲好中国故事"：国家立场，话语策略与传播战略［J］．现代传播，2020（282）：1.

［21］陈雪莲．全球治理评估制度性话语权研究——以世界银行"全球公共部门指数"项目为例［J］．新视野，2020（1）.

［22］胡文秀，刘振霞．全球治理视域下中国国际话语权的提升［J］．中州学刊，2020（8）：54 – 60.

［23］冯峰，谌园庭．美国塑造国际话语权的历史经验［J］．红旗文稿，2018（22）：31 – 33.

［24］张志洲．金砖机制建设与中国的国际话语权［J］．当代世界，2017（10）：38 – 41.

［25］赵艳．《共产党宣言》中批判精神及其对捍卫和建构中国国际话语权的启示［J］．社科纵横，2020（6）：25 – 32.

［26］陶小军，论传统文化对提升中国哲学社会科学国际话语权的作用［J］．学术论坛，2015（9）：16 – 5.

［27］张世定．维度·价值·取向：中国哲学社会科学国际话语权论析

[J]．学术论坛，2016，39（9）：144－149.

［28］王永进，黄核成．中国国际经济话语权困境与对策［J］．生产力研究，2018，316（11）：22－27.

［29］陈小鼎．中国周边外交新理念的国际话语权塑造［J］．上海行政学院学报，2017（2）.

［30］李辽宁．论"国际社会"的意识形态性——兼论我国国际话语权的提升［J］．重庆邮电大学学报：社会科学版，2020（1）：1－8.

［31］杨文华，李韫伟．国家意识形态国际话语权的提升——基于国际政治公共领域"有限话语民主"情境的研究［J］．重庆邮电大学学报（社会科学版），2019，31（2）：1－7.

［32］郭忠华，许楠．政治学话语分析的类型，过程与层级——对建构中国国际话语权的启示［J］．探索，2020（3）：76－85.

［33］郭道久．增强中国政党理论国际话语权研究［J］．重庆社会主义学院学报，2018（1）：59－65.

［34］张峰林，唐琼．提高中国新型政党制度国际话语权［J］．上海市社会主义学院学报，2019（6）.

［35］孙敬鑫．党的十八大以来中国提升国际话语权的探索与思考［J］．中央社会主义学院学报，2020（2）：33－42.

［36］胡荣涛．习近平新时代国际话语权建设的结构分析［J］．安徽师范大学学报（人文社会科学报），2019，47（1）.

［37］焦佩．海外习近平新时代中国特色社会主义思想研究——观点比较及其启示［J］．探索，2020（1）.

［38］张爱武．马克思主义国际话语权的生成逻辑及现实启示［J］．河南大学学报（社会科学版），2018，58（3）：12－17.

［39］章晴．郑永年教授的中国国际话语权建设观［J］．西部学刊，2019（19）：53－56.

［40］李朝祥，韩璞庚．国际话语权的三重维度和基本构成［J］．学习与探索，2019（5）.

［41］周宇豪．基于民族——国家利益符码的国际话语权构建向度及其生成逻辑［J］．现代传播：中国传媒大学学报，2019（12）：30－37.

[42] 李强. 中国国际话语权：演进逻辑，构建维度与现实挑战 [J]. 中央社会主义学院学报，2020（2）.

[43] 魏强，李刚勇. 新中国成立 70 年来中国国际话语权的变迁 [J]. 中南民族大学学报（人文社会科学报），2017（11）：37 – 6.

[44] 张传鹤. 赢取国际话语权工作的基本规律 [J]. 理论学刊，2017（5）：135 – 139.

[45] 刘家俊. 增强中国国际话语权的对策思考——兼析中国国际话语权面临的主要挑战 [J]. 当代旅游，2017（17）：150 – 151.

[46] 何良. 提升新时代中国国际话语权 [J]. 红旗文稿，2019（17）.

[47] 吴增刚. 提升中国国际话语权影响力的思考 [J]. 中共成都市委党校学报，2020（3）.

[48] 宋才发. 提升中国话语权在全球化时代的国际影响力 [J]. 党政研究，2020（2）：62 – 70.

[49] 陈先红，宋发枝. "讲好中国故事"：国家立场，话语策略与传播战略 [J]. 现代传播，2020（282）：1.

[50] 张宏志. 突破西方话语体系障碍构建中国国际话语权 [J]. 行政管理改革，2017（6）：8 – 10.

[51] 阮建平. 话语权与国际秩序的建构 [J]. 现代国际关系，2003（5）：31 – 37.

[52] 刘海春. 论新时代中国国际话语权的建构 [J]. 社会科学家，2020（1）：8 – 14.

[53] 黄屺鑫. 论中国国际话语权提升路径 [J]. 新西部，2019（36）.

[54] 任丹红，张永和. 论中国人权话语体系的建构与国际话语权的争取 [J]. 西南政法大学学报，2019，21（1）：64 – 73.

[55] 宋文文. 提高我国的国际话语权需发挥哲学社会科学的作用 [J]. 中外交流，2019，26（38）：84 – 85.

[56] 罗叶丹. 疫情防控国际话语权的理论思考 [J]. 人民论坛，2020（Z2）.

[57] 董静怡. 抗击新冠肺炎疫情视域下的媒体权力与中国国际话语权的提升 [J]. 兵团党校学报，2020（2）：52 – 57.

［58］王蕾．"21世纪海上丝绸之路"战略实施中的海外话语权建设［C］．中国社科院，2016．

［59］高策，祁峰．"一带一路"建设视域下提升中国国际话语权研究［J］．理论导刊，2019（10）：95－100．

［60］何明霞．"一带一路"与国际传播话语权建设［J］．学理论，2018（7）：63－64．

［61］谢超林．"一带一路"助力中国国际话语权提升［J］．人民论坛，2017（27）．

［62］蒋朝莉，肖凯强，姜莹莹．提升"一带一路"国际话语权的对策研究［J］．广西社会科学，2018（6）：159－163．

［63］吴暇．科技图片是提升我国国际话语权的硬核力量［J］．科技传播，2020，12（14）：90－92．

［64］解学芳，臧志彭．人工智能在文化创意产业的科技创新能力［J］．社会科学研究，2019（1）：35－44．

［65］陈昌兴．当代中国价值观念国际话语权的生成逻辑与建构策略［J］．江西师范大学学报（哲学社会科学版），2019（5）：18－24．

［66］张志丹．论提升我国意识形态国际话语权［J］．高等学校文科学术文摘，2019（3）：17－18．

［67］张志丹．人类命运共同体视阈中的中国意识形态国际话语权［J］．河海大学学报（哲学社会科学版），2018，20（2）：46－51．

［68］周继业．不断提升"人类命运共同体"的国际话语权［J］．人民论坛，2018（18）：10－13．

［69］秦明月．积极塑造并不断提升人类命运共同体的国际话语权［J］．红旗文稿，2018（7）：35－37．

［70］刘勇．人类命运共同体：全球治理国际话语权变革的中国方案［J］．探索，2019，206（2）：32－40．

［71］陆雪飞，吴岩．人类命运共同体视域中的中国国际话语权［J］．江苏师范大学学报：哲学社会科学版，2020（2）：80－91，124．

［72］杨建坡，郑佳宜．人类命运共同体视域下我国国际话语权的提升［J］．华北水利水电大学学报（社会科学版），2020（4）．

［73］宗圆圆．武汉户部巷美食旅游意象研究——VEP 视角下中外游客之凝视异同［J］．内江师范学院学报，2016，031（10）：76－81，99．

［74］陈哲敏．四川红色旅游文化资源对外传播研究［J］．决策探索，2016（10）：90－91．

［75］王永贵，李霞．旅游本土化研究的探索——现状、困境与展望［J］．旅游学刊，2019（10）．

［76］顾璧珺．观光立国战略及赴日旅游推进计划的研究［D］．上海：上海师范大学，2010．

［77］金春梅，凌强．当前日本实施观光立国战略的研究［J］．日本问题研究，2014（2）：1－7．

［78］高明，何玮．文明旅游对国家文化软实力提升的模型建构及实证研究——以柬埔寨吴哥景区中国游客为例［J］．旅游论坛，2020（4）．

［79］曾璐，谢丽．国际话语权下的城市话语建构——以广州国际城市创新奖为例［J］．广州社会主义学院学报，2015，13（3）：79－83．

［80］杨亚峰．文化在我国国际话语权建设中的作用分析［D］．开封：河南大学，2012．

［81］刘筱杉．论“一带一路”倡议下汉语国际推广中的文化自信问题［J］．西北民族大学学报（哲学社会科学版），2018（5）：177－183．

［82］张志元，彭亮．新时代中华文化“走出去”的路径选择［J］．辽宁省社会主义学院学报，2019（2）：107－113

［83］闻竞．中华文化如何在国际舞台重放光彩［J］．人民论坛，2019（23）．

［84］周凯．核心价值观的缺失与构建传播——中国文化产业发展反思与对西方文化产业的借鉴［J］．东岳论丛，2012（9）：5－14．

［85］孙莹．国际视角下中国文化话语权的构建［J］．环球市场信息导报（理论），2015（8）：118－119．

［86］李芳，尚新．翻译与中国国际话语权构建［J］．艺苑新谭，2019（2）：32－39．

［87］李亚萍．中国文化走出去背景下国际话语权与外宣翻译策略［J］．上海电力学院学报，2015，31（Z2）：42－44．

［88］张燕英."中国梦"的对外宣传研究［D］.哈尔滨：东北林业大学，2016.

［89］张婷.从语境适应论看中国国际话语权的构建［J］.广西社会科学，2018（12）.

［90］刘爽，赵薇.跨文化视角下的旅游英语的翻译研究［J］.才智，2017（35）：224.

［91］杨硕.我国英语媒体国际话语权构建策略研究［J］.中外交流，2019（5）：65.

［92］梁凯音，刘立华.跨文化传播视角下中国国际话语权的建构［J］.社会科学，2020（7）.

［93］孙英春.跨文化传播研究与中国的国际话语权［J］.攀登，2010，29（2）：23－27.

［94］赵紫玉.利用国际性慕课提升中国国际话语权问题探析［J］.教学与研究，2019（3）：95－104.

［95］林梦婷.从文化传播看中国的国际话语权建设［J］.科技展望，2015（36）.

［96］胡钰，沈沁怡.从"锐实力"概念演变看国际传播中的话语权与话语创新［J］.中国记者，2018（4）：59－62.

［97］赖祎华.文化全球化背景下中国国际话语权的提升——以CCTV-NEWS外宣语言及策略为例［J］.江西社会科学，2011（10）：198－204.

［98］徐翔."西方中心"与"中介突围"：中国文化在社交媒体国际传播中的区域张力与结构［J］.福建师范大学学报（哲学社会科学版），2018，213（6）：107－119.

［99］姜飞，黄廓.新媒体对中国"权势"文化的颠覆与重构［J］.文化视野，2012（7）：60－64.

［100］张媛，韩影.刍议我国网络主流意识形态国际话语权的建构对策［J］.改革与开放，2019（18）：57－59.

［101］黄艳子.论网络传播对中国国家软实力的冲击与治理对策［D］.长沙：湖南师范大学，2015.

［102］肖文陵.国际时尚体系与西方文化传播——"二手现实"的实现

[C]. 清华大学美术学院, 2016.

[103] 赵庆寺. 中华传统文化与中国国际话语权的建构路径 [J]. 探索, 2017 (6): 114-121.

[104] 种道台. 弘扬优秀传统文化促进国际话语权的构建 [J]. 中外交流, 2018 (17): 35.

[105] 朱莉琼玉. 国际话语权视角下的中国文化软实力建设——读《中国文化软实力》[J]. 长江丛刊, 2017 (35): 39.

[106] 刘丽娟, 刘香玉. 从美剧看中国的国际话语权问题 [J]. 电影文学, 2012 (7): 42-43.

[107] 李艳飞, 熊欣. 美国影视中的话语权构建对中国影视国际传播的反思 [J]. 河池学院学报, 2019, 39 (1): 130-134.

[108] 肖礼华, 王宁川. 明日谁为救世主: 好莱坞与美国话语霸权 [J]. 电影文学, 2011.

[109] 王力, 黄育华. 从国际金融话语权提升研判我国金融中心建设 [J]. 银行家, 2018 (12): 108-112.

[110] 刘小燕, 罗诗婷. 国际金融规则构建中的政府 (国家) 话语权角力 [J]. 广州大学学报 (社会科学版), 2020, 19 (3): 46-60.

[111] 曾璐, 谢丽. 国际话语权下的城市话语建构——以广州国际城市创新奖为例 [J]. 广州社会主义学院学报, 2015, 13 (3): 79-83.

[112] 高栩. 国际事务话语权与中国品牌战略传播的关系研究 [J]. 新闻知识, 2019 (5): 74-77.

[113] 褚章正. 论中国参与北极环境治理的国际话语权构建 [J]. 江汉论坛, 2018 (5): 47-51.

[114] 张永红. 生态文明视阈下中国国际话语权三重审视 [J]. 广西社会科学, 2020 (4): 24-28.

[115] 黄歆. 中国强大有利于实现"人类命运共同体" [N]. 新华每日电讯, 2012-11-14 (6).

[116] 曲星. 人类命运共同体的价值观基础 [J]. 求是, 2013 (4): 53-55.

[117] 于洪君. 树立人类命运共同体意识 推动中国与世界良性互动

[J]．当代世界，2013（12）：12－13．

[118] 卢德友．"人类命运共同体"：马克思主义时代性观照下理想社会的现实探索 [J]．求实，2014（8）：40－44．

[119] 明浩．"一带一路"与"人类命运共同体" [J]．中央民族大学学报（哲学社会科学版），2015，42（6）：23－30．

[120] 李丹．"一带一路"：构建人类命运共同体的实践探索 [J]．南开学报（哲学社会科学版），2019（1）：136－145．

[121] 车轴．人类命运共同体：近期国内外研究综述及进一步探讨 [J]．理论与改革，2018（5）：175－188．

[122] 赵庆寺．试论构建人类命运共同体的制度化路径 [J]．探索，2019（2）：49－57．

[123] 高地．人类命运共同体的形成依据、思想内容及构建路径研究 [J]．思想教育研究，2018（8）：101－106．

[124] 罗圣荣，兰丽．国内外学界对人类命运共同体研究的比较及启示 [J]．世界民族，2020（6）：13－25．

[125] 李爱敏．"人类命运共同体"：理论本质、基本内涵与中国特色 [J]．中共福建省委党校学报，2016（2）：96－102．

[126] 张继龙．国内学界关于人类命运共同体思想研究述评 [J]．社会主义研究，2016（6）：165－172．

[127] 张曙光．"类哲学"与"人类命运共同体" [J]．吉林大学社会科学学报，2015，55（1）：125－132，174－175．

[128] 贺来．马克思哲学的"类"概念与"人类命运共同体" [J]．哲学研究，2016（8）：3－9，128．

[129] 刘传春．人类命运共同体内涵的质疑、争鸣与科学认识 [J]．毛泽东邓小平理论研究，2015（11）：85－90，92．

[130] 王虎学，何潇潇．"人类命运共同体"理念的历史、现实与价值 [J]．新视野，2022（1）：29－34．

[131] 童吉鹏．习近平人类命运共同体思想的建构逻辑与价值外延 [J]．贵州社会主义学院学报，2020（1）：33－37．

[132] 郝立新，周康林．构建人类命运共同体——全球治理的中国方案

[J]．马克思主义与现实，2017（6）：1－7．

[133] 阮宗泽．人类命运共同体：中国的"世界梦"[J]．国际问题研究，2016（1）：9－21，133．

[134] 邵发军．习近平"人类命运共同体"思想及其当代价值研究[J]．社会主义研究，2017（4）：1－8．

[135] 饶世权，林伯海．习近平的人类命运共同体思想及其时代价值[J]．学校党建与思想教育，2016（7）：15－19．

[136] 徐艳玲，李聪．"人类命运共同体"价值意蕴的三重维度 [J]．科学社会主义，2016（3）：108－113．

[137] 张劲松．风险社会视域下的人类命运共同体理念 [J]．上海交通大学学报（哲学社会科学版），2021，29（6）：93－101．

[138] 宋婧琳，张华波．国外学者对"人类命运共同体"的研究综述[J]．当代世界与社会主义，2017（5）：198－208．

[139] 苏丽娜，陈彦余．新时代人类命运共同体研究的前沿趋势与逻辑进路探析 [J]．内蒙古农业大学学报（社会科学版），2002，24（1）：50－57．

[140] 李曦辉，弋生辉，黄基鑫．"一带一路"倡议推动构建人类命运共同体的效用评价 [J]．区域经济评论，2022（1）：69－81．

[141] 杨慧芸．外国人眼中的"大理印象"——关于"大理旅游城市形象传播"的外国旅游者调查 [J]．对外传播，2009（12）：37－38．

[142] 赵倩倩．国际互联网上传播的西安旅游形象：分裂与整合[C] //地理学核心问题与主线——中国地理学会2011年学术年会暨中国科学院新疆生态与地理研究所建所五十年庆典论文摘要集．中国会议，2011：174－175．

[143] 李娟，郝亭，赵振斌．国际互联网传播的新疆旅游目的地形象与其感知比较研究 [J]．经济师，2015（1）：241－244．

[144] 钟龙彪，刘力．国际旅游发展背景下的中国国家形象传播 [J]．对外传播，2013（7）：41－43．

[145] 康宁．青岛市文化旅游资源的译介与国际传播研究 [J]．青岛科技大学学报（社会科学版），2013，29（4）：107－110．

[146] 蒙岚．广西民俗文化旅游资源的国际传播研究 [J]．西南民族大

学学报（人文社科版），2015，36（9）：149－152.

[147] 卜晨光．电视旅游文化专题节目的美学传播实践研究——以央视中文国际频道《远方的家》为例［J］．中国广播电视学刊，2014（5）：24，102－103.

[148] 余义兵，吴丽莹．"一带一路"背景下旅游文化国际传播研究［J］．黄山学院学报，2018，20（6）：22－25.

[149] 杨渊，王兵．"一带一路"背景下乐山旅游文化品牌国际传播研究［J］．科技传播，2020，12（17）：108－110.

[150] 章尚正，张鹭旭．文化软实力视域下旅游对外传播研究——以黄山市入境旅游为例［J］．合肥学院学报（综合版），2016，33（2）：37－42.

[151] 穆宝珠．文化软实力视域下的旅游文化对外传播研究——以呼伦贝尔旅游为例［J］．文化创新比较研究，2019，3（13）：176－177.

[152] 郭志东．读书国际旅游岛建设中旅游文化传播的理论探新——评《旅游文化传播研究》［J］．今日海南，2009（11）：47.

[153] 李宇．国际旅游：商机与对外传播的契机［J］．对外传播，2009（10）：13－14.

[154] 柯缇祖．社会主义核心价值观研究［EB/OL］．红旗文稿，2012，http：//www. scio. gov. cn/.

[155] 李长津．构建中国·东盟旅游文化国际新闻传播话体系的意义与对策［J］．教育文化论坛，2017，9（1）：30－32.

[156] 党娇．国际互联网上传播的西安市旅游形象差异分析［D］．西安：陕西师范大学，2011.

[157] 刘曦．国际旅游营销的社交媒体传播效果指标体系研究［J］．浙江理工大学学报（社会科学版），2018，40（2）：163－169.

[158] 李萍．四川革命老区民俗文化旅游资源国际传播策略——文化模因传播视角研究［J］．成都大学学报（社会科学版），2011（4）：90－93.

[159] 肖莉，匡立．文化模因视角下旅游资源的国际传播——以泸县龙文化为例［J］．赤峰学院学报（自然科学版），2017，33（4）：113－115.

[160] 姚敏，李娜．中国文化之"和谐"价值观在国际旅游活动中的传播［J］．传播力研究，2018，2（31）：33－34.

［161］张惠芹．中国文化之"和谐"价值观在国际旅游活动中的传播［J］．北京第二外国语学院学报，2013，35（3）：8－12，27.

［162］崔璨．旅游文化国际传播策略研究——以亳州市为例［J］．六盘水师范学院学报，2018，30（3）：43－46.

［163］王素芹，杜佳林．浅析河南旅游文化国际化传播问题［J］．新闻爱好者，2021（11）：57－60.

［164］罗定蓉．北京"旅游胜地"形象的国际传播效果评价与策略分析——巴黎城市旅游形象及传播对北京的借鉴意义［J］．法语学习，2017（1）：53－61，63.

［165］雷春，肖灿．国际旅游城市形象传播体系与策略分析——基于5W模式的三亚案例［J］．中国产经，2018（10）：69－72.

［166］姜洪．方向对了，就不怕路远——贵报传媒·全域旅游品牌国际传播中心非报产业的点滴探索［J］．中国记者，2018（10）：119－122.

［167］范颖，储丹丹．文旅图书如何讲好中国故事——从《智水仁山》看文化旅游业的国际表达［J］．出版广角，2021（6）：59－61.

［168］李敬科．浙江国际旅游传播人才现状与培养模式研究［J］．新疆广播电视大学学报，2013，17（1）：53－56.

［169］徐欣欣．对话中国社会科学院专家刘志明　探讨中国旅游走出去［J］．商业文化，2015（31）：80－82.

［170］韩竹．人类命运共同体背景下的我国非物质文化遗产的旅游开发模式研究［J］．南方农机，2019，50（3）：182.

［171］房鹏飞，李乃琼．人类命运共同体视域下中国—东盟民俗体育文化交流研究［J］．体育文化导刊，2021（2）：76－82.

［172］黄正多．人类命运共同体视角下中尼人文交流的意义、问题与对策［J］．南亚研究季刊，2020，6（4）：102－108.

［173］熊娜．全球治理视域下的中国南极旅游治理思考［J］．中国旅游评论，2019（3）：130－135.

［174］王文，姚乐．新型全球治理观指引下的中国发展与南极治理——基于实地调研的思考和建议［J］．中国人民大学学报，2018，32（3）：123－134.

［175］罗猛，过怡安．北极地区旅游资源开发的法律困境与解决路径

[J]．中国海商法研究，2020，31（2）：58－66.

[176] 张现成，王亚文，周国龙，李成菊.《"一带一路"体育旅游发展行动方案（2017—2020 年）》的解读［J］．体育成人教育学刊，2019，35（1）：2，39－43.

[177] CIPRA 会长吴红波出席首届大河文明旅游论坛并发表演讲［J］．国际公关，2018（5）：40－42.

[178] 王红彦．共享世园盛会成果　共创幸福美好生活［N］．中国旅游报，2019－10－11（3）.

[179] 王胜．把海南打造成向全球展示和践行人类命运共同体思想窗口的思考［J］．今日海南，2018（3）：20－22.

[180] 张瑛，刘建峰．中国开展吉尔吉斯斯坦旅游外交的战略思想及路径选择［J］．中央民族大学学报（哲学社会科学版），2018，45（4）：54－61.

[181] 许华．"人类命运共同体"愿景中的中俄文化外交［J］．俄罗斯东欧中亚研究，2018（4）：13－26，156.

[182] 侯玉环．文化视域下构建人类命运共同体的若干思考［J］．理论导刊，2020（2）：113－120.

[183] 叶小文．人类命运共同体的文化共识［J］．新疆师范大学学报（哲学社会科学版），2016，37（3）：1－5，7.

[184] 邹广文，王纵横．人类命运共同体与文化自信的心理建构［J］．中国特色社会主义研究，2017（4）：30－37.

[185] 梁也，王习贤．"人类命运共同体"文化构建的进路［J］．南通大学学报（社会科学版），2018，34（4）：8－14.

[186] 贾文山，江灏锋，赵立敏．跨文明交流、对话式文明与人类命运共同体的构建［J］．中国人民大学学报，2017，31（5）：100－111.

[187] 李梦云．建设人类命运共同体的文化构想［J］．哲学研究，2016（3）：22－28.

[188] 范炳良．国家外交形式的发展趋势［J］．当代世界，2005（3）：25.

[189] 高飞．公共外交的界定、形成条件及其作用［J］．外交评论，2015（6）：105.

［190］胡文涛．解读文化外交：一种学理分析［J］．外交评论，2007（6）：55．

［191］刘建平．中国的民间外交：历史反思与学术规范［J］，国际观察，2008（5）：29．

［192］李巍．理解中国经济外交［J］．外交评论，2014（4）：3．

［193］鲁毅、黄金祺等．外交学概论［M］．北京：世界知识出版社，1997：5．

［194］谬开金．中国文化外交研究［D］．北京：中共中央党校，2006．

［195］梅毅．试析旅游业的和平外交性［J］．江西社会科学，2006（10）：242－248．

［196］梅毅．旅游外交：我国旅游产业发展新取向［J］．南昌大学学报（人文社会科学版），2006（5）：45－50．

［197］［英］亚当·沃森．外交的本质［M］．转引自周启朋、杨闯编译．国外外交学［M］．北京：中国人民公安大学出版社，1990：5．

［198］王兴斌．让"旅游外交"成一大亮点［N］．中国旅游报，2015－5－25（4）．

［199］王玉贵．论民间外交［J］．盐城师范学院学报（人文社会科学版），2008（5）：91．

［200］郑华．新公共外交内涵对中国公共外交的启示［J］．世界政治，2011（4）：145．

［201］赵可金．非传统外交：当代外交理论的新维度［J］．国际观察，2012（5）：7－14．

［202］赵可金．经济外交的兴起：内涵、机制与趋势［J］．教学与研究，2011（1）：57．

［203］赵可金．网络外交的兴起：机制与趋势［J］．世界政治，2011（5）：115．

［204］邹统钎．旅游外交与国家形象传播［J］．对外传播，2016（5）：22．

［205］张文木．中国要有强大民间外交力量［N］．环球时报，2008－4－21（1）．

［206］郑岩．旅游外交：国家外交新领域新亮点［N］．学习时报，2015－

7 - 23, 第 8 版.

[207] 周永生. 经济外交 [M]. 北京: 中国青年出版社, 2004: 22.

[208] Robert O. Keohane, International Institutions and State Power, West-view Press, 1989, 62.

[209] R. D. Blackwill and A. J. Tellis, Revising U. S. Grand Strategy toward China, New York: Council on Foreign Relations Press, 2015, 34.

[210] Aaltola M, J Käpylä. U. S. and Chinese Silk Road Initiatives: Towards a Geopolitics of Flows in Central Asia and Beyond [M]. 2016, 207 - 242.

[211] Nathan, Zhang. "A Shared Future for Mankind": Rhetoric and Reality in Chinese Foreign Policy under Xi Jinping [J]. Journal of Contemporary China, 2022, 31 (133): 57 - 71.

[212] Gu, Ho, Eom. Silk roads again: Revisiting roads connecting Eurasia [J]. Journal of Eurasian Studies, 2017.

[213] Peng, Wang; Jiyan, Wang; Guochuan, Du; Wenjie, Yang. Connotation and Construction of "Lancang-Mekong Community of Shared Future" through Sports Cooperation [J]. Tobacco Regulatory Science, 2021, 7 (6): 5836 - 5847.

[214] Hui Z. A Community of Shared Future for Mankind—The Contemporary Development of the Social Foundations Theory of International Law* [J]. Social Sciences in China, 2019, 40 (1): 186 - 202.

[215] Huang, Y. Non - Settlement as Part of Efforts to Build a Community with a Shared Future for Mankind [J]. Social Sciences in China, 2021, 42 (4): 38 - 54.

[216] Xu F, Su J. Shaping "A community of shared future for mankind": New elements of General Assembly Resolution 72/250 on further practical measures for the PAROS [J]. Space Policy, 2018, 44: 57 - 62.

[217] Meethan, K. (2008). Tourism Industry. In The International Encyclopedia of Communication, W. Donsbach (Ed.). https://doi.org/10.1002/9781405186407. wbiect052.

[218] Litvin, S. W. Tourism: The World's Peace Industry? [J]. Journal of Travel Research, 1998, 37 (1): 63 - 66.

[219] Ji Chen, Fengming Cui, Tomas Balezentis, Dalia Streimikiene, Huanhuan Jin, "What drives international tourism development in the Belt and Road Initiative?" [J]. Journal of Destination Marketing & Management, 2021, 19.

[220] Aldoshyna M V, Brusilseva A N. Cross-culture Communications in Tourism under Conditions of Globalisation [J]. Business Inform, 2014 (3): 197 – 202.

[221] Vierhaus C. The international tourism effect of hosting the Olympic Games and the FIFA World Cup [J]. Tourism Economics, 2019, 25 (7): 1009 – 1028.

[222] Ni G, Wirawan I, Linawati. THE IMAGE OF BALI TOURISM IN SOCIAL NETWORKING MEDIA [J]. E-Journal of Tourism, Vol. 1. No. 2. (2014): 128 – 138.

[223] Dzemyda I. Electronic Marketing for the Development of International Tourism [J]. Verslas teorija ir praktika, 2014, 15 (2): 191 – 197.

[224] Bassano C, Barile S, Piciocchi P, et al. Storytelling about places: Tourism marketing in the digital age [J]. Cities, 2019, 87 (APR.): 10 – 20.

[225] Kaul, R. N. Dynamics of tourism, vol. 1 The phenomenon [M] // New Delhi Sterling Publishing Co, 1985: 5 – 51.

[226] Matthews, H. G. International Tourism: a Political and Social Analysis [M] //Cambridge, Massachusetts, Schenkman Publishing Co, 1979: 17 – 37.

后　记

　　本书主要是对旅游国际话语权一些理论和实践问题的探讨。旅游国际话语权是近年来国际旅游交流与合作实践中频繁出现的热词，在管理层面、产业层面和各方面的交流合作层面也已经做了大量的工作，有了显著的成绩。在这个时候，有必要回顾过往的成长，倾听时代的呼声，识别亟须解决的现实问题和挑战，系统梳理可以整合的资源，从而面向未来做适当的展望和策划。这是我们应该及时做的工作，也是我们必须及时做的工作。所幸实践已经为我们提供了丰富的素材和参考，中国的实践还在以前所未有的速度丰富我们的素材库。由于承担了很多国际旅游交流与合作方面的课题，能够有幸近距离的观察旅游国际话语权构建，也亲身参与了不少相关工作。工作的需要，加上解决问题的压力，驱使我长期关注旅游国际话语权构建，并尝试去回答其中一些问题。旅游国际话语权的高质量构建涉及方方面面，复杂又多变，有时候还比较敏感。由于能力所限，在解决的时候很多时候感到力不从心，所幸领导和同事在此过程中给予了珍贵的帮助。特别是戴斌院长对涉及的许多重要问题给予启发和指导，在他的指导和鼓励下，才会有这本专著的顺利出版。

　　本书是对我近年来旅游国际话语权研究的一个系统总结，由于旅游国际话语权构建总体处于探索阶段，本书没有也不可能对这个命题进行全面研究，只是根据个人的研究方向和学术积淀进行了有选择的阐释，容易挂一漏万，有不少问题的研究还停留在较为肤浅的层次。专著部分内容已经在学术刊物、论文集和报纸上发表过，在此次书稿形成过程时有所修正。有些内容是我和其他研究者合作的成果，包括共同发布的论文和我承担的课题的一些研究成果。这些我都在书稿中尽力标注完整。在此对所有的合作者表示感谢。戴斌院长具有强烈的使命感，对旅游国际话语权构建有精辟的见解和深邃的思考，不仅在金砖国家、APEC、G20 和上海合作组织亚洲相互协作与信任措施会议等项目的执行上具体指导，还引导我从更高的层面、更综合的视角、更长远的视野和更落地的执行等方面展开研究。对此表示诚挚感谢。感谢我的导师张广瑞老师，如果没有他的严格指导和殷切鼓励，也不可能有这本专著的出版。感谢刘德谦老师、戴学锋老师、龚立仁老师等师长长期给我的指导和帮助；众多同门、同事从选题、谋篇和修改打磨等各个方面给了我有力帮助。韩霄、白慧茹等研究助理在整理文献资料、处理数据等方面做了很多烦琐细致的工作，在此一并感谢。书稿的形成，感谢妻女的全力支持。工作繁重，又要利用业余时间写作，妻子在出色完成自身工作之余，主动担起带孩子学习的任务，孩子也努力上进，这些为我提供了良好的科研环境，免去了后顾之忧。感谢文化和旅游部和北京社科基金的科研立项，为本书出版提供了经费支持。

作者谨记于中和园
时在壬寅岁中